Anna Izabel Fagundes

RELAÇÕES DE AMOR SINCERAS

33 DIAS DE REFLEXÕES

1ª edição / Porto Alegre-RS / 2013

A ti, querido Werner, que, mesmo distante, me fez querer persistir e evoluir em direção ao Verdadeiro Amor.

Sumário

Nota da autora 5
Introdução 7

Parte I – Entendendo nossas relações 9
Dia 1 - Optando pelo verdadeiro Amor 13
Dia 2 - O caminho 17
Dia 3 - Libertando-nos da culpa 23
Dia 4 - A unidade que somos 27

Parte II – Consciência do Amor que somos 31
Dia 5 - A jornada 33
Dia 6 - Aceitando e compreendendo o Amor 39
Dia 7 - A união física por meio do Amor 43
Dia 8 - Dialogando por meio da verdade 47
Dia 9 - Renascer para o Amor 51
Dia 10 - Traduzindo a verdade 55
Dia 11 - Vivenciando a conexão com a alma gêmea 59
Dia 12 - Expandindo a alegria de viver 65
Dia 13 - A gratidão como fator de realização 69

Parte III – Criações análogas 73
Dia 14 - O Amor que somos 75
Dia 15 - Construindo uma base sólida
        por meio do Amor verdadeiro 77

Parte IV – Amor por nós mesmos 81
Dia 16 - Ser livre e liberar 83
Dia 17 - O perdão em relação à sexualidade 87
Dia 18 - AMOR x amor 93

Parte V – Projeção 99
Dia 19 - Merecimento 103
Dia 20 - Usufruindo com Amor 107
Dia 21 - A sincronia do Perdão 111
Dia 22 - O Perdão em relação à escassez 117
Dia 23 - Escolhas e decisões com Amor 119

Parte VI – Novos começos 125
Dia 24 - O Amor está em nós 129
Dia 25 - Abundância para todos 133
Dia 26 - A convivência 137
Dia 27 - A aceitação da nossa função Divina 141
Dia 28 - Vivenciando o momento
        presente com plenitude 145

Parte VII – Relacionamentos com base no Amor 149
Dia 29 - Para tudo há solução 153
Dia 30 - A cura da depressão 155
Dia 31 - Atividades profissionais 157
Dia 32 - Perdão, ganância e competição 165
Dia 33 - Brigas e confusões 167

Conclusão 173

Nota da Autora

Este livro revela um trabalho de introspecção pessoal com o objetivo de evoluir na direção da plenitude.

Algumas palavras são grafadas em letras maiúsculas e essa decisão se deve ao fato de reverenciar o valor de expressões, como Amor Verdadeiro, Amor Maior, Alma, Essência, e também as referências a essas expressões sublimes: expressá-Lo, senti-Lo.

A expressão do diálogo mantido com a Alma conduz este aprendizado, mudando, aos poucos, o modo de ver e de sentir a vida. Trata-se de uma experiência única, que ao vivenciá-la, não me permito deixar de revelá-la a quem busca esse entendimento.

Sempre esperei que o amor viesse de alguém, jamais considerei a hipótese de eu mesma ser o Amor que tanto ansiava receber. Tenho a firme convicção de que todos os que ainda não compreenderam o Amor estão constantemente em busca Dele. E exatamente por não conseguir o que tanto anseiam é que agem com a agressividade e a intolerância resultantes da insegurança pelo desconhecimento do que Ele é e onde se encontra.

Assim, coloco a compreensão que tenho à disposição de todos, não somente nas palavras que escrevo a partir do aprendizado que estou obtendo, mas também por meio do Sentimento de Amor que nos une desde sempre.

Introdução

Qual é o objetivo dos relacionamentos afetivos? Por que desejamos tanto o parceiro ou parceira ideal? E por que dificilmente o encontramos? Existe "alma gêmea"?

E as relações profissionais? Por que nos sentimos competindo? Por que estamos sempre em busca de superação? Como conseguiremos saber se somos bons o bastante para sobreviver e vencer no mercado de trabalho?

E as relações sociais? Por que é tão difícil nos sentir iguais? Por que essa necessidade de ser mais do que o outro? Por que o outro é sempre diferente de nós, sendo ou tendo mais ou menos? Por que isso não nos dá Paz?

Vivemos em um mundo de aparências em que valores superficiais são o que conhecemos, e estes, muitas vezes, são mascarados como sentimentos da alma, não porque assim o desejamos, mas porque desconhecemos a nossa Essência. Ao rever esses valores e olhá-los com profundidade, compreendemos que significam pouco diante dos sentimentos que emanam da Essência, e que são estes os que realmente importam. Assim, se vivermos sem ilusões e infelicidade, vamos encontrar um novo e revelador sentido para o que, muitas vezes, não passa de algo falso e vazio.

Vamos, então, perceber que há um sentido na existência e nos relacionamentos, que há um Caminho a ser trilhado e percorrido com um propósito definido. Fugir desse propósito dificultará a caminhada, e nos fará pensar, erroneamente, que sofrer faz parte da busca do objetivo. Na verdade, o sofrimento e a infelicidade advêm da negação do propósito.

Há um real sentido para os relacionamentos, e é esse sentido que realmente devemos buscar em cada um. Qual é, então, o real sentido? O real sentido é a aceitação da unidade: é por meio dos relacionamentos que descobrimos Quem somos verdadeiramente. Ver o Ser espiritual que somos, e que o outro também é, separado de nós é o motivo do sofrimento e infelicidade que vivenciamos.

Diante desse entendimento, fica claro que o propósito da nossa existência é chegar à aceitação do Ser e, a partir daí, vivenciar os relacionamentos com base no sentimento de Amor que nos une desde sempre.

Um processo diário para aceitação do ser de Amor que somos

A caminhada em direção ao Amor se dá de forma contínua e constante. Podemos querer desistir, mas o nosso Ser não desiste. Ele atende ao nosso anseio por Amor satisfazendo as nossas necessidades materiais e afetivas, mas o objetivo Maior, já traçado, continua sendo Seu foco.

Para tanto, vamos iniciar um andar com a orientação vinda da Essência, pela qual, por 33 preciosos dias, iremos seguir pelo caminho traçado por Ele. A cada dia nos fortaleceremos um pouco mais na aceitação daquilo que verdadeiramente somos: Amor.

PARTE I
Entendendo nossas relações

seg	ter	qua	qui	sex	sáb	dom	seg	ter
①	②	③	④	5	6	7	8	9
10	11	12	13	14	15	16	17	
18	19	20	21	22	23	24	25	
26	27	28	29	30	31	32	33	

Separar as relações por "categorias" como afetivas, profissionais e sociais seria sem sentido em relação ao Ser. No entanto, para que consigamos paz no nosso dia a dia, faz-se necessário ter claro o que cada relacionamento representa e oferece. É por meio desse entendimento que podemos ter e dar limites, evitando decepções e mágoas resultantes da busca equivocada por sentimentos, emoções e apoio junto a quem não está apto a nos oferecer.

A Essência sabe o que cada um pode nos oferecer e, ao entregar a Ela as nossas opções, teremos claro o significado e o valor de cada uma das relações que vivenciamos.

Relações afetivas, profissionais e sociais

O que desejamos encontrar em uma relação afetiva? Aceitação, segurança, prazer, companheirismo. E o que conseguimos dar em troca? Exigências e dúvidas. Diante disso, é certo que iremos atrair pessoas que estão dispostas a nos dar o que oferecemos, ou seja, exigências e dúvidas, e não o Amor que merecemos realmente.

E nas relações profissionais? Buscamos segurança financeira, valor, superação de limites, autoconfiança e realização. E o que oferecemos? Medo, culpa e, principalmente, ausência de Perdão. Assim, entramos na roda viva da competição desenfreada, atraindo situações que reforçam os sentimentos contrários ao Amor que já está em nós.

E nas relações sociais? Ser aceito? Fazer parte? Sentir-se considerado? Existir? E como nos portamos no grupo social? O que oferecemos? Aparência de valor para auferir *status*, ausência de autenticidade, superficialidade e desinteresse pela verdade.

Com essa postura junto ao grupo social, nunca conseguiremos nos sentir aceitos, considerados e existindo realmente, pois ela faz parte daquilo que não somos verdadeiramente. São ilusões que negam o Amor que está em toda a parte.

Quando tudo parecer não fazer mais sentido, e apagarmos as chamas da fé, da paz e do amor, ainda será possível fazer renascer em nós a criança cheia de esperança que um dia nós fomos. Ela está esperando esse renascimento atrás dos nossos medos e inseguranças mascarados de compromissos e preocupações.

Para encontrá-la, precisamos aquietar os nossos anseios diários e voltar a sermos simples como uma criança, afastando-nos das atitudes aprendidas para agradar o ego, tanto o nosso quanto o do outro.

Deixando de nos *obrigar* a ser tão ocupados, conseguiremos entrar em contato com a natureza, com as coisas simples, com o lado simples das pessoas e daremos a tudo isso o Valor que vem da Essência. Ao nos igualar a tudo e a todos, vamos descobrir um mundo novo, onde podemos não apenas ter a esperança de ser feliz, como, também, de fato, ser feliz!

Quando encontrarmos essa criança em nós, vamos querer estar sempre junto dela. Ficaremos surpresos também ao perceber que a queremos no comando de nossos sentimentos, tanto os afetivos quanto os profissionais, dando-lhe o total comando de nossas vidas. Passaremos a confiar nesse lado sábio, que parece infantil, mas mostra que é adulto e muito equilibrado. Dessa forma, compreenderemos que o caminho para a plenitude não era o que estávamos trilhando: aquele não nos levaria a lugar algum. A estrada que vamos seguir terá a orientação da Sabedoria. Com ela, nos sentiremos seguros e saberemos, a cada passo, que estamos na trilha certa. Não precisamos mais ter claro aonde

iremos chegar, a única certeza é a de que encontraremos a paz, a alegria e o Amor que buscamos. Saberemos disso porque vamos vislumbrar esses sentimentos durante o andar, e isso basta para que confiemos e acreditemos.

Com esses sentimentos presentes em nosso dia a dia, passamos a nos relacionar com a pessoa destinada a esse convívio harmonioso e pleno. Pelo encontro com a alma gêmea, traduziremos os verdadeiros motivos para nos relacionar. Saberemos, então, que vale a pena transpor os limites do ego atuante para chegar até a Essência, e, por meio dela, evoluir, descobrir e aceitar o Amor Verdadeiro, vivenciando as riquezas trazidas por esse relacionamento.

Dia 1
Optando pelo verdadeiro amor

> *Todas as pequenas coisas estão em silêncio. Agora, os pequenos sons são inaudíveis. As pequenas coisas da Terra desapareceram. O universo não consiste em nada além do Filho de Deus, que invoca o seu Pai. A Voz do seu Pai dá a resposta no santo Nome do seu Pai. Nesse relacionamento eterno e sereno, em que a comunicação transcende de longe todas as palavras e ainda assim excede em profundidade e altura tudo o que as palavras possam transmitir, está a paz eterna. Em Nome do nosso Pai, hoje, queremos experimentar essa paz. Em Seu Nome, ela nos será dada. (Um Curso em Milagres)*

Desejamos relações que fluam naturalmente, sem complicações e desentendimentos. Ao nos relacionarmos, experimentamos sentimentos de medo e de culpa que nos distanciam do outro, e tentamos conviver apesar desse muro estar nos separando. A dificuldade de dialogar de forma transparente é constante. Sabemos que ser verdadeiros aumenta o nosso Valor, mas o muro existente impede que consigamos acessar o interior do outro, nos ver refletidos nele e nos expressar exatamente da forma como estamos sentindo, com simplicidade e verdade.

Ao acessar o interior de cada um com quem nos relacionamos, veremos um diamante raríssimo, com a mesma qualidade e valor existentes em nosso interior. Entretanto, como conseguir acessar o outro dessa forma? É seguro que devemos desfazer o muro que nos separa dele,

para isso, faz-se necessário, em primeiro lugar, entender que essa parede é uma ilusão. Não há nada nos separando uns dos outros. São os sentimentos de culpa que trazem a ideia de separação, e o medo advém dessa falsa crença, em que o outro poderia nos prejudicar, nos machucar, enfim, nos fazer sofrer. Só os nossos pensamentos podem criar situações em que nos sintamos prejudicando ou sendo prejudicados. Para mudar esses pensamentos que constroem as barreiras que nos separam uns dos outros, é necessário Perdoar a toda e qualquer situação em que nos tenhamos sentido ofendidos, e também àquelas nas quais ofendemos de alguma forma. Com a opção pelo Perdão entregue para a nossa Essência, vamos desfazendo as ilusões negativas, permitindo-nos renovar os relacionamentos com base no Amor.

Com o conhecimento do Amor verdadeiro existente em todos, mantemos relações que nos realizam, sem nos esforçar para dar certo, sem negar as dificuldades e sem brigar com elas. Vamos ao encontro de outra forma de viver, agora não mais sozinhos, e, sim, vivenciando relacionamentos fluidos e felizes. O que nos manterá nesses relacionamentos é o Amor sempre presente, a superação de dificuldades de toda ordem e também o respeito, sem necessidade de representação. O interesse pelo que o outro sente torna-se sincero. O Amor é mais importante do que qualquer uma das ilusões negativas que antes nos separavam. Com esse quadro, surgem novos e gratificantes relacionamentos, nos quais sentiremo-nos sempre mais próximos de nós mesmos.

Vamos, então, conseguir desfazer o nosso anseio por Amor, pois estamos conscientes de que o Amor que buscávamos já está em nós. Sem carência e insegurança, encontraremos pessoas dispostas a vivenciá-Lo constantemente. Deixamos o limitado e o triste para viver o ilimitado e o feliz.

Essa busca pela revelação exige muita Fé, Confiança e Determinação, no entanto, ela é extremamente gratificante e compensadora, pois nos fará despertar para o que é realmente importante na nossa existência.

Os relacionamentos que a Essência nos permite viver são um processo de evolução pessoal. Certamente o que nos motivou a viver o relacionamento afetivo existente em nossa vida hoje, mesmo que tenha sido uma necessidade, como não ficar sozinho, está na hora de casar, ter filhos, preocupações com anseios econômicos e sociais, ou ainda, embora menos frequente hoje, uma pressão dos pais ou familiares para que se realizasse uma união com alguém de acordo com as expectativas deles em relação a nós, foi a busca por Amor, sem sombra de dúvida.

E o que ainda nos mantém nele? Um sentimento seguro de aceitação e inteiração ou um medo da reação do outro, de ficar só ou de enfrentar as dificuldades e discussões? Dúvidas sobre a capacidade de a outra pessoa viver sem a nossa presença física? Ou sobre a nossa capacidade em viver só?

E, se já foi desfeito, por que ainda não nos libertamos dele? Culpa, falta de perdão, dificuldade em abandonar o passado?

Devemos olhar para a Verdade que em Essência somos unidos e iguais, aceitá-la e, por meio do Perdão, nos desfazer dos sentimentos que impedem a tomada de decisões, caminhando em direção ao Verdadeiro Amor e despertando-O, em nós e em quem nos acrescentará alegria, paz e plenitude. Assim, teremos um convívio que transcende, em muito, o que a nossa mente compreende como o ideal de relacionamento.

Quanto ao nosso mundo profissional, devemos nos perguntar: Por que estamos desenvolvendo determinada atividade? Gostamos de nos relacionar nela? Conseguimos ser verdadeiros e transparentes? Se não estamos conseguindo, quem é o responsável pela ausência de autenticidade? A atividade? As pessoas nela envolvidas? Ou nós mesmos?

Sempre que não conseguimos ser verdadeiros, somos nós os responsáveis por isso. Com a aceitação da unidade que somos, a transparência torna-se natural e percebemos que não é mais necessário falar ou nos portar sem a verdade presente.

E em relação ao grupo social? Precisamos construir fachadas para nos sentir aceitos? Admiramos fachadas ou o interior de cada um?

Como realmente queremos ser admirados? Pelo que somos ou pelo que representamos?

Ser autênticos e livres da necessidade de aprovação do grupo social, e mesmo do familiar, é também tarefa do Perdão. Quando perdoamos os outros pela forma como escolhem viver, nos sentimos livres e perdoados para viver de acordo com a nossa escolha. A aprovação que desejamos obter do grupo com quem convivemos é busca por Amor, e, ao descobrir que ele já está em nós, essa busca deixa de existir. Assim, nos sentiremos seguros em ser e em vivenciar o que escolhemos.

A compreensão de que não precisamos representar papéis para sermos admirados, bastando para isso ter atitudes humanas e sinceras, traz paz e tranquilidade para o nosso dia a dia. A evolução material que instiga a competição deixa de ter relevância, permitindo que aceitemos valorizar o Ser que cada um é.

Esse comportamento não impede que realizemos os nossos desejos materiais, apenas passamos a não depender deles para nos sentir parte do grupo social.

Quem determina nossa integração social somos nós mesmos. Se acreditarmos que somos parte dele, sendo que somos, o grupo também nos aceitará.

Dia 2
O Caminho

Não perdeste a tua inocência. É por isso que anseias. É esse o desejo do teu coração. Essa é a voz que ouves, e esse é o chamado que não pode ser negado. A Criança santa permanece contigo. A Sua casa é a tua. Hoje, Ela te dá a Sua ausência de defesas e tu A aceitas em troca de todos os brinquedos de combate que fizeste. E, agora, o caminho está aberto, e o fim da jornada, finalmente à vista. Aquieta-te por um instante e vai para casa com Ela e, por algum tempo, está em paz. (Um Curso em Milagres)

O ego acredita que pode escolher com quem vamos conviver e, diante disso, tomamos atitudes com base no que ele nos ilude, a fim de "encontrar" determinadas pessoas, nos relacionar e ser feliz. De fato, encontramos, mas não nos sentimos plenos. Falta algo. Há um vazio que procuramos preencher de diversas formas: conforto, comida, presentes, viagens, filhos. No entanto, a sensação de "falta algo" continua perturbando: culpamos o parceiro ou parceira, as dificuldades econômicas, a existência, ou ainda, a nós mesmos. Ficamos deprimidos, adoecemos e, muitas vezes, desistimos de ser feliz.

Mesmo vivendo o dia a dia, preenchendo-o com ocupações, nos percebemos tristes e vazios. Compensamos esse sentimento com aquisições de supérfluos para nos sentir vivos. O Amor que tanto ansiamos, porém, não vem com eles. Podemos nos sentir alegres por alguns instantes, mas o vazio e a tristeza tornam a aparecer. Retomamos as atividades diárias, encontramos novas necessidades a ser preenchidas e nos percebemos no círculo vicioso de uma existência sem sentido, distante do Amor verdadeiro.

O caminho para sentir a presença do Amor em nós é, antes de tudo, rejeitar não somente as atitudes e os pensamentos de desamor, mas também deixar de atender às solicitações do ego, para o qual nada é suficiente. Sempre há algo superior ao que já possuímos despertando o nosso interesse, pois essa é uma das formas mais eficientes que o ego usa para nos distanciar da Alma. Outra forma é a negação de que estamos em busca do Amor e de que merecemos Amor.

Para isso, é necessário aceitar que somos, em primeiro lugar, espírito. **Somos espírito em uma existência terrena** e não um corpo que vislumbra a possibilidade de ter um espírito.

Compreendendo o que não é amor

Vivemos em um mundo de ilusões. Muito do que acreditamos ser Amor nada mais é do que formas de negá-Lo. Preencher nossa existência com compromissos e distrações não é Amor. São criações do ego que, por meio da idolatria, nos faz vivenciar um sentimento que compete com o Amor, mas que é superficial e finito, contrário ao Amor Verdadeiro, que é intenso e ilimitado.

O "elo" invisível que leva à verdadeira compreensão do significado da nossa existência é a Essência. Sem aceitá-la verdadeiramente, ficamos como folhas ao vento, ora para um lado, ora para outro, procurando distrações que jamais contentam.

Ao buscar a felicidade somente por meio do trabalho, dos estudos, dos relacionamentos e das distrações, acreditando que ela está fora de nós, não sentimos Amor verdadeiramente. O vazio e a falta de sentido permanecem conosco porque a Alma não participa, ficando à parte, e é dela que emanam os sentimentos que nos dão plenitude.

Onde está o Real Sentido, o Amor que tanto ansiamos vivenciar?

Ele está encoberto por uma grossa camada de culpa e de medo. Queremos vivenciá-Lo, mas temos muito medo do Amor Verdadeiro. Sentindo medo e culpa, não nos aproximamos do Amor, mesmo que encontremos uma pessoa que se mostre digna Dele, pois não nos sentimos livres para viver o Amor em plenitude.

Por exemplo, se depois de questionar o relacionamento que vivenciamos, no passado ou atualmente, compreendermos que não se trata de um convívio baseado na Essência, e sim de uma escolha forçada pelo ego, será necessária muita coragem para desfazer esse vínculo. A culpa se fortalece e procura impedir a mudança que será benéfica para ambos, exatamente porque, ao tomar essa atitude, corremos o positivo "risco" de ir ao encontro do Verdadeiro Amor.

Como desfazer o ciclo de culpa e medo?

Para sair desse círculo vicioso e, aparentemente, interminável, é preciso libertar-nos da ideia de culpa, desistindo de acreditar na ideia de pecado. Para essa liberação acontecer, é preciso compreender e aceitar que somos, em primeiro lugar, Espíritos. Esse é o grande passo dado no sentido de abrir espaço para a evolução que acontece com o desfazer da culpa e do medo. Nesse momento, a Fé é necessária, porque, sem ela, não conseguimos ultrapassar as barreiras impostas pelo ego.

No entanto, devemos atentar para onde depositamos a nossa Fé. Ela deve ser colocada sempre na Força Criadora que habita em nosso interior, e nunca ser dirigida para idolatrias.

Com essa aceitação, nos sentiremos dignos de vivenciar o Amor Verdadeiro e de nos relacionarmos por meio Dele, indo ao encontro da tão esperada felicidade.

Compreendendo o que é o ego

O ego é a energia ilusória advinda da culpa e do medo que envolve o nosso corpo. Ela se desfaz com a Fé e com o Perdão.

Somos unidos uns aos outros pela Energia espiritual. Ao viver sem profundidade, sem nos voltarmos para a Essência, ficamos à mercê da exigência do ego coletivo: envolvendo-nos com o que ele está solicitando, realizando de forma desenfreada e estabelecendo relações sem um sentido maior. Como o nosso interior não concorda com muitas das solicitações que nos são feitas, nos esquivamos ou brigamos com o que é solicitado. Percebemos que queremos algo diferente, mas não conseguimos entender com clareza o que é.

A atitude acertada é não ignorar o que nos é apresentado e também não negar o nosso interesse. Devemos receber a solicitação (aceitar) e entregá-la à nossa Essência para que ela decida por nós. Esse ato é a aceitação de que Algo Maior tem a resposta certa. Se as ocorrências para darem andamento fluírem e os fatos se apresentarem de forma positiva, iremos em frente dando continuidade ao que foi proposto. Se houver complicação, não devemos forçar a situação buscando como alternativas decisões tomadas pelo ego (energia superficial). Devemos aceitar e entregar novamente, perdoando as dificuldades e as pessoas que acreditamos tê-las criado. Assim, obtemos a paz necessária para aguardar a solução das dificuldades para, então, dar andamento ao que nos propomos ou ao que nos foi proposto.

A realização de nossos ideais tanto afetivos quanto profissionais e familiares sempre encontram dificuldades criadas pelo ego. Se optarmos por não perdoar e entregar, ficaremos somente com a dificuldade e a mágoa resultantes, deixando de ir adiante em direção ao que desejamos. É a superação por meio do Perdão e da Entrega das contínuas dificuldades criadas pelo ego que permitirá a realização do que desejamos (que será um Milagre, pois está sendo conduzido pelo Amor).

O ego só sobrevive por meio de energias superficiais negativas. O medo, a culpa e a falta de perdão formam a base para a sua sobrevivência. Sempre que algo não flui é porque optamos por não Perdoar. Se ao traçarmos um objetivo e acreditarmos que as dificuldades não poderão ser superadas, pensando que alguém tem o poder de resolver e que

poderá decidir-se contrário ao que desejamos, é porque estamos depositando a nossa fé no ego desse alguém. Desse modo, o que vamos obter é o medo (manutenção do ego) de não conseguir e, assim, culparemos algo ou alguém por não obter o que desejamos (reforçando a manutenção do ego) seguindo a nossa existência criando novos focos de dificuldades, mantendo a falta de perdão. O ego coletivo se reforça com esses sentimentos. Ao nos mantermos presos às exigências/cobranças do coletivo (grupo social, profissional e familiar), jamais nos libertaremos das garras do ego – que impedem a sequência de eventos positivos que levarão à realização do ideal.

Para nos libertar, precisamos nos afastar mentalmente do meio em que convivemos. A meditação, ou os instantes em que ficamos voltados ao nosso interior, sentindo a mente elevar-se por pensamentos dirigidos ao Criador, é a base necessária para esse afastamento. Leituras que nos levam para junto dos valores da Alma, Seminários e alguma convivência com pessoas que têm o mesmo propósito serão um reforço importante.

O fundamental é a tomada de decisão: **escolher viver e realizar a partir da Essência! Com essa escolha, a nossa existência terá o sentido do Verdadeiro Amor, e nossos relacionamentos serão vivenciados por meio da Alma, com a profundidade e o sentido que Ela revela.**

Libertando-nos da força do ego

Quando as garras do desamor nos aprisionam e nos tiram a paz, descontentes e infelizes passamos a tirar a paz de outras pessoas. Não entendemos o que acontece conosco: queremos apenas sentir a paz e, ao dirigir nosso interesse para essa busca, muitas vezes, criamos mais confusão.

Isso acontece porque não nos dirigimos para a Fonte da Paz, e, sim, para o que acreditamos que sejam os efeitos: novas ou repetição de antigas exigências em relação aos outros, busca de relacionamentos, dinheiro, bens. Tornamo-nos gananciosos e prepotentes, afastando-nos cada vez mais da Fonte da Paz.

Para nos aproximarmos da Paz, é necessário nos entregar a ela, relaxar e nos perdoar por não estarmos em Paz, e parar de procurar culpados fora de nós, além de abrir espaço para o perdão acontecer.

Somos uma unidade, ao permitir um movimento de desamor em nós, abrimos espaço para receber desamor. No entanto, ao manifestar o desejo de sentir Amor Verdadeiramente, vamos ao encontro Dele, pois o Amor já está em nós. Ao senti-Lo, vamos querer estar sempre com Ele.

Uma busca de inspiração para mudar o caminho que estamos trilhando auxilia muito. Ao caminhar para os nossos propósitos por meio do ego, encontraremos culpados a todo o instante, culpamos e nos sentimos culpados. Trata-se de um círculo vicioso impossível de ser desfeito enquanto não aceitarmos que não existe culpa, portanto, não podem existir culpados. A culpa é um sentimento do ego que tem como objetivo nos aprisionar e aprisionar o outro. Quando compreendemos que somos inocentes e que todos, sem exceção, somos filhos do Amor (A Verdadeira Energia Criadora), aceitamos viver sem culpa e, finalmente, libertamos e somos libertados dos sentimentos de desamor.

Dia 3
Libertando-nos da culpa

A visão de Cristo tem uma só lei. Ela não contempla um corpo e o toma por engano pelo Filho que Deus criou. Ela contempla uma luz além do corpo, uma ideia além do que pode ser tocado, uma pureza não obscurecida por erros, equívocos lamentáveis e pensamentos amedrontadores de culpa que vêm dos sonhos de pecado. Ela não vê separação. E olha para todas as pessoas, todas as circunstâncias, todos os acontecimentos e todos os eventos, sem que a luz que ela contempla diminua de intensidade de forma alguma. (Um Curso em Milagres)

Baseamo-nos na crença de que o ato que gerou o corpo físico é pecaminoso, talvez feio ou errado. Vivemos a partir do sentimento de idolatria, amor excessivo do ego. Se ainda não despertamos para o Amor da Alma, acreditamos ser somente um corpo. Dessa maneira, não vivenciamos nossos relacionamentos por meio da Essência de forma responsável e, muitas vezes, agimos de forma contrária ao que nossa Alma quer, utilizando-nos dos sentimentos do ego, que são superficiais e não expressam a verdade, e que nos fazem sentir feios e errados.

Procuramos mascarar esse entendimento errôneo com um número inesgotável de "produtos" para agradar o ego: dietas, roupas, supérfluos de diversas ordens, cirurgias corretivas etc. Até podemos ficar bonitos externamente, e isso não é ruim. O negativo é a falta de aceitação do Ser que somos.

Ao acreditarmos ser apenas um corpo, permanecemos duros, inflexíveis e agressivos, procurando evitar que a Alma aflore e nos mostre

como chegar ao Amor Verdadeiro. Por que tememos o Verdadeiro Amor?

Tememos porque sabemos que, ao descobri-Lo, deixaremos de dar importância ao que o ego quer e valorizaremos o que a Alma valoriza. O mundo material ficará em segundo plano, porém, o ego jamais aceita estar em segundo lugar.

É certo que, em algum momento, deveremos chegar a essa aceitação. Por que, então, esperar? Por que tanto sofrimento? E por que queremos o Amor Verdadeiro com tanta intensidade? O queremos porque, de alguma forma, sabemos ser parte Dele. Enquanto não nos sentirmos unidos a Ele, nos faltará algo importante, haverá um vazio, o vazio da alma esquecida. Esse sentimento desagradável entranhado em nós é a *culpa* que carregamos conosco desde sempre. Ao tentar desfazê-la, sem nos voltar para a Alma, vamos aumentando-a. Criamos uma teia de dificuldades em nossa vida e vemo-nos sem saída. Passamos a culpa adiante, responsabilizando outras pessoas, mas preencher esse espaço parece impossível. Aparentemente conseguimos, mas tal não é uma conquista duradoura: logo, o vazio manifesta-se pela tristeza, nossa ou a de alguém (mesmo vista no outro, continua sendo a nossa, pois o outro reflete os nossos sentimentos), e, novamente, voltamos ao ponto de partida.

Esse círculo vicioso do ego atuante parece não ter fim. Nunca conseguimos atender às suas exigências para acabar com a culpa. Ao julgar-nos pelas dificuldades no relacionamento, nos sentimos culpados; ao julgar as atitudes do outro, culpamos. É impossível romper o ciclo por meio do ego, pois é disto que ele se alimenta: culpa, medo e julgamento é o seu cardápio preferido, somando-se a outros sentimentos decorrentes.

A aceitação de que somos, em primeiro lugar, espírito, permite desfazer esse círculo de culpa e de medo, pois a aceitação da Divindade que somos nos eleva, afastando-nos do ego. Somente a elevação permitirá desfazer o sofrimento: ou somos culpados (ego/desamor), ou somos inocentes (Amor/Espírito Divino). Para a Alma, tudo o que vivenciamos serve de aprendizado para a evolução. Ela não julga uma atitude

como boa ou ruim: quem julga é o ego, e é ele quem nos faz sofrer com sentimentos de culpa ou de medo de tomar uma nova atitude. Ao permanecer nos limites do ego, culpando a nós mesmos e ao outro, não evoluímos.

Por exemplo: em uma discussão entre duas pessoas, independente do motivo, forçar a aceitação de uma verdade por meio do convencimento verbal não resolverá o conflito, apenas fortalecerá o ego de uma das partes, deixando a outra enfraquecida e/ou magoada.

A evolução acontecerá pelo ato de Aceitar, Perdoar e Entregar para a Essência Divina o julgamento da situação que nos traz conflito. Essa simples atitude, quando sincera, permite a resolução do conflito em questão. Ao utilizá-la com regularidade e frequência em todas as dificuldades que vivenciamos, transformamos positivamente os nossos relacionamentos.

Tomando como exemplo o fim de um relacionamento em que o ego está fortemente presente, a discussão sobre os fatos vai fortalecê-lo, e podemos ficar brigando eternamente apenas para ter razão. Para o ego, a razão é sempre dele. A Verdade não prevalecerá por meio do ego. Somente o Espírito de Amor é verdadeiro e, para Ele, ambas as partes tem razão, desde que o Amor esteja presente.

Permitindo a presença do Amor, é seguro que a solução do conflito acontecerá.

Como permitimos a presença do Amor? Responsabilizando-nos pelas atitudes que criaram os conflitos, pois, ao assumir que criamos a situação negativa e optarmos em nos Perdoar por ela, permitimos que o sentimento de Amor a assuma desfazendo-se a culpa e, junto com ela, o conflito.

Conflitos existem porque o ego quer algo e acredita que o espírito não concorda com isso, quando, na verdade, o espírito quer o que nós queremos. O conflito é criado, porque nós não nos sentimos merecedores, seja por um pré-conceito de certo e errado, seja pela existência de uma mágoa sobre a qual nem sempre estamos conscientes.

Ao acessar essas mágoas, revendo-as para nos libertar da culpa e do medo, podemos, ao assumir a sua criação, nos desfazer delas e, então, nos sentir livres e vivenciar as nossas escolhas.

Assumir que criamos as mágoas advindas da rejeição e da agressividade, ou de nos sentir ignorados, inadequados e sem valor, é um ato de aceitação da unidade que somos. O outro *nunca* é o responsável pelas mágoas que sentimos. Esses sentimentos estão em nós, e é a atitude do outro que nos faz senti-los. Acreditamos que o outro é culpado por nos fazer sentir assim. Quando assumo a responsabilidade pelo que sinto, desfaço a culpa, tanto a do outro quanto a minha. Assim, me libero e sou liberado das mágoas que impedem os Milagres.

Dia 4
A unidade que somos

Apenas fica quieto. Não precisarás de regra alguma, a não ser esta: deixar que a tua prática de hoje te eleve acima do pensamento do mundo e liberte a tua visão dos olhos do corpo. Apenas aquieta-te e escuta. (Um Curso em Milagres)

Somos partes de um Grande Todo. Não somos separados uns dos outros, e o elo invisível, que é o espírito, precisa estar conectado com a Verdade para ser autêntico. Devemos nos voltar para o nosso Interior, entregando o que desejamos para realizar por meio da Essência. Assim, passamos a compreender que a Alma deseja o que nós desejamos, apenas pede que realizemos por meio Dela, pois só assim encontraremos paz no nosso dia a dia: realizaremos tudo o que desejamos sem nos estressar nem agredir, simplesmente nos deixando conduzir.

A compreensão de que não somos separados espiritualmente nos leva a perceber também a influência dos sentimentos que decorrem dos nossos pensamentos sobre os outros, e os deles sobre nós.

Entender e aceitar que a separação não existe (há a separação física, mas ela não impede a união espiritual) permite a compreensão das dificuldades que vivenciamos no dia a dia e em nossos relacionamentos. Ao almejarmos algo e não acreditarmos ser merecedores, o instrumento Divino, que é quem pode nos oferecer o que almejamos, se sentirá orientado a não fazê-lo. Isso porque a falta de aceitação de ser merecedor, por não nos sentir parte do Todo, informa a nossa indisposição em receber. Queríamos muito ter o que desejamos, mas o sentimento de não merecer é mais forte.

Para que possamos ter o que desejamos, é necessário a Entrega: aceitar que não nos sentimos merecedores, questionar o porquê, procurar compreender e optar por nos perdoar, entregando para a Divindade, com Fé e Confiança, o nosso desejo. E, após sentir internamente o Perdão (quando percebemos que o desejo não é mais importante do que o sentimento de bem-estar e de plenitude que já está em nós) desapegamo-nos totalmente. Tal atitude já é a aceitação de que somos Espírito (e não corpo somente), portanto, parte do Todo e, naturalmente, merecedores.

Acreditar que somos separados e tentar realizar a partir do ego, forçando a situação, nos traz algum resultado imediato, mas que é não duradouro. Tudo o que realizamos por meio dele é extremamente desgastante e não nos deixa plenos.

Ao permitir a condução pela Alma, evoluiremos verdadeiramente. Deixaremos de atender às solicitações a partir do ego, passando a atendê-las por meio do Espírito, que as utiliza para nos ensinar sobre os valores dignos e de caráter vivenciados pela ótica do Amor. Ao realizar utilizando valores ditados pela Alma, vamos ao encontro da verdadeira autenticidade e do equilíbrio.

ACEITANDO-NOS COMO ANFITRIÕES DO AMOR

Para ser anfitriões do Amor, o primeiro passo é deixar o julgamento de lado. Sem ele, conseguiremos olhar ao nosso redor livres de sentimentos contrários, como a culpa e o medo.

A isenção precede o perdão. Permitindo-nos não julgar as atitudes e o comportamento dos outros, deixaremos de fazer o mesmo conosco. Se julgarmos uma atitude como agressiva, repulsiva ou qualquer outro sentimento negativo, é porque nos identificamos com ela. Olhamos para ela julgando a nós mesmos. Esse comportamento dá vida ao ego e empobrece o Espírito. Pelo ato de julgar, mantemos o senso de separação. Comportamo-nos como se fôssemos diferentes do outro, melhor ou pior, nunca igual.

Por mais que o ego não aceite, em Essência, somos todos iguais, produtos do Amor. O comportamento social que nos diferencia é resultado de um aprendizado do ego, da ilusão e da separação.

O Amor não julga, não condena e jamais se sente separado do outro. Quem precisa do senso de separação é o ego. É ele que nos chama a fazer comentários e a ter atitudes que reduzem significativamente o valor que damos a nós mesmos.

Ao abandonar esse vício, refletindo a cada vez que sentimos vontade de julgar a nós ou ao outro e de ter atitudes contrárias ao que consideramos correto, sentiremos uma leveza muito grande, e o desenrolar do nosso dia se tornará produtivo e gratificante. Isso ocorre porque abrimos espaço para que o Amor possa agir em nós, e por meio de nós.

Ao entregar o desejo de julgamento para a nossa Alma, para que ela analise e julgue por nós, transformaremos um ato negativo em um positivo, pois o Amor fará a parte que lhe cabe, permitindo-nos olhar pela Sua ótica e não mais pela ótica do desamor.

O senso de separação é o que dificulta o reencontro com a Alma gêmea. Ao olhar o outro como um Ser separado de nós, não conseguimos aceitar a sua união conosco, mesmo que haja aproximação física. Muitas vezes, já estamos convivendo com Ela e não percebemos: há uma aceitação maior, não nos sentimos julgados e, principalmente, nos comportamos de forma leve, sem preocupação ou medo de não ser aceito. Nessa pessoa está a nossa própria aceitação e, por esse motivo, infelizmente, não nos importamos com ela. Não consideramos o seu Real valor, já que desconsideramos o valor da nossa própria Alma.

Então, seguimos adiante, à procura de nós mesmos em outra pessoa. Ficamos encantados, muitas vezes apaixonados, vendo uma perfeição inexistente. É a perfeição que procuramos em nós.

Esse olhar para fora gera muito desgaste e sofrimento. Não encontramos a nossa Alma gêmea do lado de fora. É somente voltando para o nosso interior que vamos nos conectar a Ela.

Essa busca exige grande vontade de encontrá-la. Devemos questionar exaustivamente tudo o que estamos vivenciando. Assim, descobriremos que, embora nossos feitos tenham valor, eles não nos

preenchem plenamente. O vazio da Alma só é preenchido com o reencontro com Ela.

Precisamos parar de dar desculpas para continuar procurando o Amor fora de nós. Ao nos voltarmos para a Alma e lhe dar o comando de nossa vida, sentiremos o Amor fluir e nos trazer tudo o que desejamos: o sucesso, os recursos financeiros e, também, o relacionamento afetivo que preencherá a nossa existência, por meio de um convívio lúdico, no qual a evolução acontecerá naturalmente, sem entraves e desgastes desnecessários.

Então, nos percebemos agradecidos e alegres, mantendo a nossa conexão com a Alma e com a Energia Criadora, experimentando segurança, plenitude e paz.

Tornamo-nos, assim, anfitriões do Amor, e não mais reféns do ego.

O amor verdadeiro e seu significado

Amar verdadeiramente significa não sentir culpa, nem medo.

É estar (e deixar estar) livre de limites.

É poder nos expressar com transparência, simplicidade e alegria, e aceitar o mesmo no outro.

É compreender a unidade que Somos.

É sentir o convívio da Alma com a Alma por meio da leveza e da harmonia natural da espontaneidade.

É entregar-se sem medo e com a certeza da aceitação plena, em todos os momentos.

É sentir a Verdade Maior expressando-Se no convívio.

É sentir a Essência Pura, sem acréscimos de qualquer natureza.

É sentir a abrangência e a amplitude na expressão do sentimento de Amor.

É livrar-se de julgamento em qualquer atitude (nossa e do outro).

É entregar a dúvida e ter a certeza da Pureza da Alma.

É saber que somente o Amor importa verdadeiramente e que tudo o mais é ilusão.

PARTE II
Consciência do Amor que somos

seg	ter	qua	qui	sex	sáb	dom	seg	ter
1	2	3	4	⑤	⑥	⑦	⑧	⑨
⑩	⑪	⑫	⑬	14	15	16	17	
18	19	20	21	22	23	24	25	
26	27	28	29	30	31	32	33	

Dia 5
A jornada

Não tenhas medo. Apenas começamos de novo uma antiga jornada há muito iniciada, mas que parece nova. Começamos de novo por uma estrada na qual já viajamos antes, e da qual nos perdemos por pouco tempo. E, agora, tentamos de novo. (Um Curso em Milagres)

Quando iniciamos uma jornada por meio da Alma, encontramos dificuldades que não são reais, criadas pelo ego, que acredita que deve nos conduzir e, por isso, não permite que entreguemos nossa caminhada a Ela, com confiança.

Seguidamente voltaremos a nos sentir inseguros e com medo, pensando que devemos tomar atitudes, vencer desafios e voltar a atuar da forma que atuávamos antes de confiar na Alma.

No entanto, logo vamos perceber que esse não é o caminho, até porque já o fizemos muitas vezes e sabemos que ele não nos dá confiança nem segurança. Além disso, as experiências de entrega que experimentamos nos mostraram a verdadeira segurança e a alegria que o "deixar nos conduzir" dá.

Saberemos que o que nos move em busca das metas traçadas pelo ego é a mágoa, e não uma necessidade verdadeira. Colecionamos necessidades para, por meio delas, desenvolver atividades que não trazem plenitude.

Acreditamos que só com a força externa é que obteremos o resultado desejado. Assim agimos de forma desenfreada, tateando no escuro em busca de algo que não sabemos com certeza o que é.

As mágoas são necessidades que criamos. É a respeito de algo que ainda não possuímos e que, imaginamos, se viermos a possuir, trarão alegria e plenitude. O mundo é movido por tais necessidades. São elas que trazem tantas discórdias. Elas são a própria discórdia, pois são criadas pelo ego. Ele as cria para ter domínio sobre nós. Enquanto acreditarmos que possuímos necessidades materiais e afetivas e que precisamos *lutar* para obtê-las, o ego continuará atuante.

Quando entregamos a condução de nossa vida à Alma, o que realmente precisamos nos será dado. Isso não significa viver sozinhos ou ter o estritamente necessário para viver, só será assim se quisermos. Se almejarmos relacionamentos afetivos plenos e abundância material, os teremos por meio de atitudes favoráveis ao Amor.

O importante é que tenhamos interiorizado a certeza de que o Criador, que é o Amor, está acima de todas as criações. Ele é a Energia Criadora e Sua importância está acima de tudo. Costumamos lamentar as dificuldades para conquistar o que desejamos, olhando para quem já conquistou e sentindo-nos fracassados. Muitas vezes, nos perguntamos por que o Criador nos abandonou ou por que não olha para nós como acreditamos ter olhado para o outro.

Quando conseguimos sentir o Amor Verdadeiro, que é a única Energia Criadora, acima de tudo, compreendemos a pouca importância que as conquistas materiais têm. Sabemos que elas não nos darão a alegria e a plenitude que esperávamos, pois já nos sentiremos plenos sem obtê-las. Passamos a ter a consciência de que, se ainda as quisermos, elas estarão à nossa disposição, basta confiar para que as tenhamos no momento em que estivermos prontos para recebê-las.

Estarmos prontos é receber essas conquistas dando a elas o Valor que têm, ou seja, que estão à nossa disposição e que devemos usufruir delas com Amor, e não com egoísmo. Compreenderemos que estamos de passagem e que toda a criação é obra do Amor Verdadeiro, realizada *por meio* de nós, e não *por* nós.

Quem realmente somos?

Esse questionamento está inserido nas buscas diárias; cada ato que realizamos é uma procura por resposta. Voltamo-nos para as atividades externas em busca de nós mesmos, brigamos como se estivéssemos em um campo de batalha. Queremos vencer, usamos todas as armas disponíveis e, no final do dia, do mês, do ano, ou da existência, vamos compreender que, mesmo que tenhamos vencido algumas batalhas, o conflito que determinou a guerra não se resolveu, e ele multiplicou-se: à medida que vencemos um, outro manifestou-se em seu lugar.

Podemos até acreditar que eliminamos todos os motivos da nossa infelicidade, mas logo nos sentimos sozinhos e retomamos a mesma busca, repetindo o ciclo já vivido.

Enquanto buscarmos algo fora de nós, mantemo-nos nesse ciclo. Ele somente se encerra no momento em que aceitamos nos voltar para o nosso interior. Aí, a paz começa a se manifestar, a luz a surgir e o Amor a se fazer presente.

Com o Amor presente, os conflitos somem, aos poucos, da nossa existência. Podem ainda aparecer, mas serão mandados embora pela falta de receptividade e, depois de muitas tentativas, irão desistir do nosso dia a dia.

Isso acontece porque somos produtos do Amor, fomos criados pelo Amor e nos dirigimos para o Amor. Amor é Deus em nós e nós Nele. O Criador de todas as manifestações de vida é o sentimento de Amor. Sem Ele, nada é criado. As ilusões de desamor que nosso ego vivencia é que nos separam Dele.

Tudo o que experimentamos são manifestações do Amor. O que não nos permite vivenciá-Lo são os sentimentos negativos, as ilusões criadas pelo ego. Essas ilusões partem da culpa que sentimos por acreditar que somos separados do Criador (o Amor) e das criaturas (Suas criações). Temos a errônea ideia de que fomos gerados por um ato de desamor, e não por um sentimento de Amor (a união da Alma pelos corpos).

Somos produtos do Amor, e não do pecado. O corpo não é um pecado, e nem tem a capacidade de motivar o pecado porque é uma ilusão. Não é real.

Só o sentimento de Amor é real e transcende a ilusão do corpo físico. O Amor pode realizar tudo, desde que seja entregue a Ele. Não conseguiremos resultados em nossas buscas por Amor se nos dirigirmos para as pessoas (o corpo também é uma ilusão), mesmo que acreditemos ser positivas ou que detenham algum poder. Devemos nos voltar com intensidade e confiança para o Sentimento que vem da Alma. Só Ele é capaz de realizar verdadeiramente o que desejamos por meio do Amor existente nas pessoas.

Quando volvemos às ilusões, o que recebemos como retorno ao que solicitamos serão ilusões realizadas por idolatrias, que não preenchem o vazio gerado pela falta de Amor.

Exemplificando: ao ansiar por algo que queiramos, não importa de que ordem, se profissional, afetiva ou familiar, devemos nos voltar para a Fonte existente no nosso interior que tudo cria, apura e transforma, entregando o nosso desejo ou necessidade. Assim, estamos colocando o nosso desejo de realização no Amor, e o que retornará para nós será Produto do Amor, atendendo a nossa necessidade e nos dando, também, paz necessária para usufruí-la.

Será assim, pois daremos lugar àquilo que viemos para Ser. Seremos completos pelo que realmente está faltando: o Amor.

A diferença parece sutil, mas é gritante no que se refere à paz que necessitamos para reencontrar com o Ser que somos e, para, assim, usufruir de nossas realizações livres dos sentimentos de culpa e de medo.

Ao depositar a nossa fé e confiança na Fonte da Criação, que é o positivo sentimento de Amor, e não em ídolos, tornamo-nos livres e abrimos espaço para que nossa Alma se manifeste, levando-nos a praticar atos que trarão significativas mudanças no nosso dia a dia. O Amor que tanto ansiamos vivenciar se fará presente, não mais como idolatrias ou objetos de desejo, mas no modo de olhar e sentir em relação a tudo. Compreenderemos que o Amor não é algo distante de nós ou inatingível, é, sim, algo que já Somos. No entanto, para percebê-Lo em tudo, precisamos, antes, percebê-Lo em nós.

Assim, a pergunta sobre quem realmente somos é respondida nos pensamentos e nas atitudes positivas que passamos a ter. Somos única e exclusivamente Amor!

Dia 6
Aceitando e compreendendo o Amor

O Amor é para o medo o que a luz é para a escuridão: na presença de um, o outro desaparece. (Marianne Wiliamson)

Compreendemos que ilusões e criações com base nelas não nos aproximam do Amor. Apenas nos fazem repetir exaustivamente a busca por Amor.

Para abrir espaço para o Amor agir em nós e vivenciá-lo, precisamos nos entregar, soltar as amarras – que são nossas mágoas e ressentimentos – e dar boas-vindas a Ele com gratidão e confiança. Entregar nosso dia, nossas tarefas, nossos sentimentos, negativos ou positivos, para que Ele atue por meio de nós para que, sem que nosso ego perceba, nos tornarmos somente Amor.

Desejamos amar, mas procuramos amar algo ou alguém e, dessa forma, não compreendemos o Amor. O sentimento que colocamos sobre determinada pessoa é nosso e se transporta para ela. O Amor, porém, está em nós; somos o Amor, pois viemos Dele.

Para senti-Lo verdadeiramente, é necessário oferecê-Lo indistintamente. Se nos limitamos a dá-Lo somente a algumas pessoas especiais, é porque estamos **apegados**, e não **amando**.

Isso não significa que devemos deixar de Amar determinadas pessoas que já sabemos Amar, e sim que não podemos limitar esse Amor. Somos Amor e Ele deve ser expresso sempre, em todos os momentos, não importa com quem: feio, bonito, magro, gordo, preto, branco, rico, pobre, jovem ou idoso. O Amor não tem raça, não tem credo,

não tem idade, não tem preconceitos. É puro, único, inigualável, é Deus em nós e nós Nele.

Ao nos sentir sermos Amor, tudo o que nos rodeia se apresenta como o próprio Amor, uma extensão do que somos verdadeiramente.

Expressando o verdadeiro Amor

Ao expressar o Amor Verdadeiro, não nos tornamos apegados e também não geramos apego. Saberemos o limite entre o Verdadeiro sentimento de Amor e a necessidade e a carência Dele. Não precisamos nos limitar em expressá-Lo ou em recebê-Lo. A Sabedoria nos conduzirá até o limite e, ao vê-lo ultrapassado, recuará gentilmente, esperando um novo momento para se fazer presente e, aos poucos, conquistar espaço para vivenciar o Amor Verdadeiro, que é livre e ilimitado.

É tão amplo o campo de atuação do Amor que perceberemos o quão pequeno era o espaço que reservávamos para vivê-Lo antes de conhecê-Lo. Quando o Amor age em nós, as surpresas são constantes: surpreendemo-nos oferecendo-O indistintamente, sem olhar a quem estamos expressando. A emoção verdadeira aflora em nós. Lágrimas sinceras tornam-se presentes. Desejaremos Sua presença nos locais de trabalho, nas ruas e nos lares, independentemente se humildes ou palácios. Todos são merecedores Dele. Veremos a Alma de cada um e esqueceremos a ilusão da matéria.

Sentiremos que somos, realmente, um só espírito, unidos a um único Criador. E a gratidão por poder expressá-Lo nos permitirá senti-Lo em nós.

Para isso, é necessário desocupar nossa mente de tudo o que não é Amor. Medo e dúvida nos distanciam Dele. São esses sentimentos que nos fazem sentir apego e não permitem que o Amor se aproxime e fique conosco.

Para liberar a nossa mente, é necessário que nos sintamos perdoados por nós mesmos. Assim, abriremos espaço para o Amor agir por meio de nós a fim de trazer a plenitude que só Ele sabe nos fazer vivenciar. Então, de forma suave e segura, poderemos oferecer a mão ao nosso irmão e, juntos, seguir em direção à Casa de onde um dia partimos. A Casa do Amor.

A expressão do Amor está em compreender que a união da Alma difere, em muito, da união da matéria. O propósito da Alma é vivenciar a Verdade sempre e, para isso acontecer, é necessário sentir verdadeiramente que o nosso interesse é Nela e não nas aparências diante Dela. A fachada que costumamos admirar deve ser desfeita totalmente. Por exemplo, quando queremos dedicar nosso Amor a alguém, o nosso foco deve ser o seu interior e o que emana dele. Tudo o que está diante da Alma deverá ser sem importância: vamos Amar a Alma com a Alma, e não dizer que amamos quando apenas estamos desejando. Apego, desejo e carência são produtos do ego e devem ser colocados no seu devido lugar: são ilusões que escondem o Amor. Para transpor esses sentimentos resultantes da idolatria – que nada mais é do que a nuvem de culpa colocada diante das nossas buscas – e chegar até o Amor verdadeiro, é necessário esgotar o ato de julgar. É preciso compreender que, ao julgar o outro e a nós mesmos, estamos dando espaço para a culpa se fazer presente. Com ela, a paz e a plenitude não são possíveis. Só o perdão liberta a Alma e libera a nossa mente. Para que nos sintamos perdoados, é preciso aceitar o Ser que somos. Somos ESPÍRITO, e não corpo. Fomos gerados pela união de duas Almas.

Enquanto estivermos vivendo esta existência, nos sentiremos separados, mas o Perdão, *que é a entrega de nossas necessidades ao Amor, à Força Criadora*, permitirá que aceitemos a nossa união com Deus e com os irmãos. Esse é o início do processo da evolução da Alma que, depois de aceito, sedimenta-se a cada ato de Perdão e Entrega que nos permitirmos vivenciar.

Dia 7
A união física por meio do Amor

É impossível que algo venha a mim sem que eu próprio o tenha chamado. Mesmo nesse mundo, sou eu quem governo o meu destino. O que acontece é o que eu desejo. O que não ocorre é o que eu não quero que ocorra. Isso eu tenho de aceitar. (Um Curso em Milagres)

A aceitação de que somos espíritos em uma existência terrena nos liberta da culpa que sentimos por nos considerar separados do Criador e das criaturas.

Para conviver fisicamente por meio do Amor, é necessário que aceitemos conviver em harmonia com nós mesmos. Vamos amar o Ser que somos e aceitar o corpo físico que possuímos. Se aprendemos a amar nosso irmão como ele é, devemos também nos amar como somos. Temos de aceitar o que ainda não conseguimos melhorar, deixando de nos julgar, sentindo interiormente essa aceitação, compreendendo que a verdadeira aceitação não é de fora para dentro, e sim de dentro para fora. Vamos entregar à Mente Divina o desejo de mudança e Amar o que somos. Agradecer o esforço conjunto, nosso e Dela, em nos tornar mais completos e felizes. Vamos dar graças continuamente a cada gesto, cada atitude, cada sentimento de Amor que despertar em nós, celebrar cada superação, cada entrega e cada compreensão que obtivermos. E, principalmente, sermos felizes e agradecidos ao fazer uso do Amor Verdadeiro, por meio do Perdão e da Entrega para realizar os sonhos que acalentamos.

A compreensão do Verdadeiro Amor acontece no momento em que olhamos para tudo o que conquistamos e para o que ainda gostaríamos conquistar e sentimos que, na verdade, só queríamos ser amados e amar. Tudo, absolutamente tudo, fica aquém desse desejo. Vamos perceber que o poder para conquistar o que é material está em nós, basta querer. O que realmente importa, porém, é o Amor Verdadeiro. Nós não O conquistamos com a matéria. Ele existe antes dela. Ele está em nós desde sempre. É necessário apenas despertar para Ele.

O fim da culpa, obtido por meio da aceitação do Ser que somos, permite também a aceitação do Verdadeiro Amor. Ao nos aceitar como parte do Amor Maior, a percepção nos leva adiante em nossa evolução. Compreendemos que o Amor está realmente em tudo. O que nos impede de senti-Lo é a escuridão interior causada pelo sentimento errôneo da separação.

A aceitação do Ser o que somos – Espíritos livres, seguros, curados e íntegros – põe fim a um longo período de crença em pecado e culpa. Sem a crença na separação, nos sentimos Perdoados, e o Amor abre Suas portas permitindo-nos vivenciar a paz e a plenitude reservadas a todos que ultrapassam as barreiras do ego, por meio da Fé e da Confiança.

Com a paz e a plenitude conquistadas, todas as nossas buscas revelam o sentido do Amor e assim, as realizações passam a ter o valor de um Milagre, pois deixam de ser um produto da mágoa pela crença na separação para ser fruto do Amor, resultante da Fé e da Confiança depositadas no Sentimento Criador.

A descoberta do Amor começa por alguém, mas a Sua verdadeira aceitação acontece no momento em que nos sentimos abrangendo a tudo e a todos com Amor. Esse alguém, que motivou a Sua descoberta, passa a ser parte do todo, sem deixar de ser especial, já que tudo e todos – inclusive nós – sentirão a importância que revela o sentido do Verdadeiro Amor.

O fim das ilusões

Ao utilizar o Amor verdadeiro em nosso dia a dia, estamos indo ao encontro de Milagres, porque transformamos ilusões em Verdade. Tudo o que vivemos são ilusões e podem ser produtos do Amor desde que compreendamos e aceitemos ser Amor.

Somos Amor porque fomos criados pelo Amor. O ato que gerou o corpo físico é um ato de amor. O que nos impede de sentir esse Amor em plenitude é a ideia errônea de sermos separados uns dos outros e do Criador.

Se tivermos atitudes com sentimentos contrários ao Amor é porque estamos nos sentindo separados Dele. O mesmo acontece quando julgamos tais atitudes nos outros. **A ilusão da culpa provocada pelos equívocos que cometemos quando entregues ao Amor é desfeita. A ilusão some porque é apenas uma nuvem escura provocada pelo sentimento errôneo de separação. Se não há separação, também não há necessidade de esclarecimentos. Com o Ser que somos tudo é muito claro: para Ele não há certo ou errado, julgamento só existe para o ego.**

Portanto, ao ENTREGAR ao Amor o que desejamos realizar e, além disso, o que pensamos que de negativo poderá acontecer, faremos o negativo transformar-se em positivo e a ilusão transformar-se em um ato de Amor. Assim é criar e recriar por meio da Verdade. Dessa forma, tudo o que realizamos terá a Leveza do Amor, e não mais o peso da culpa.

Com o fim das ilusões, a Verdade passa a estar presente em todos os momentos que vivenciarmos. Nossos relacionamentos serão pautados Nela. A Verdade, antecipando-se a todos os fatos, dará a Vida, ou seja, dará Brilho e Luz a cada situação. Com a Transparência e a Luz presentes, não há como o desenrolar de qualquer relacionamento, seja ele profissional, familiar ou afetivo, deixar de ser pleno e próspero.

Este é o início da comunicação por meio do Amor. Para o Amor estar presente também em nossos diálogos, é necessário desfazer o ego. Ele é a grossa parede que se apresenta entre nós e aquele com quem queremos nos relacionar. Ao deixar o ego de lado e **ter o firme propósito de agir com a Verdade**, ele irá se desfazer, pois, afinal, é apenas uma ilusão. Com o Amor em primeiro lugar, saberemos que não há separação entre nós e aquele com quem objetivamos manter um relacionamento. Não haverá obstáculos. O desenrolar do diálogo, e o consequente relacionamento, fluirá de forma suave e tranquila.

Dia 8
Dialogando por meio da verdade

Pai, Tu conheces a minha verdadeira Identidade. Revela-A agora a mim que sou Teu Filho, para que eu possa despertar para a verdade em Ti e saber que o Céu me é restituído. (Um Curso em Milagres)

Verdade e ilusões não podem conviver. Quando a ilusão entra, a Verdade se despede. Quando a transparência da Verdade se torna presente, tudo o que dificulta a solução de problemas deixa de existir e as ilusões são desfeitas. Sem elas, não há motivo para discussões. O ego só sobrevive por meio de ilusões.

Portanto, ao solicitar à Mente Divina orientação para utilizar a Verdade a fim de solucionar equívocos e dificuldades no nosso dia a dia, passamos a transpor obstáculos com muita facilidade.

Com a Verdade, não julgamos o nosso posicionamento nem o do outro, pois, ao julgar, nos sentimos superior ou inferior e, dessa forma, abrimos espaço para a ilusão complicar o desenrolar do diálogo. O ego volta a ditar as regras e, com ele presente, o problema continua sem solução. Então, compreendemos que, na realidade, problemas não existem, são apenas ilusões que a Verdade desfaz.

O orgulho é um grande aliado do ego. É ele quem dificulta a solução dos equívocos por meio da Verdade. Primeiro, ele nos faz "esquecer" de que podemos nos utilizar da Essência Divina para o desenrolar de nossas atividades e diálogos; depois, dá como encerrada qualquer situação em que "ele" não conseguiu o resultado planejado.

No entanto, ao dirigir nossa atenção para o interior e, em seguida, entregar para o desejo sincero de realizar ou solucionar os equívocos por meio da Verdade, a solução emergirá milagrosamente, ficando totalmente desfeitas as atitudes contrárias tomadas pelo ego, simplesmente porque nada significam diante da Grandeza do Amor.

Renunciando em favor da verdade

Ao renunciar a ilusão, damos espaço para a Verdade se fazer presente. Costumamos ficar voltados para a ilusão e, assim, não permitimos a realização do que desejamos. Ao voltar nosso pensamento para o passado, geramos culpa, e, quando projetamos o futuro, sentimos medo.

Devemos compreender, por meio da Essência, o que realmente desejamos, não julgar e esquecer os fatos passados, entregando para a Divindade que habita em nosso interior o futuro, escolhendo a Fé e a Confiança como substitutos da dúvida e do medo. Dessa forma, o Amor realizará os nossos objetivos, preenchendo o vazio que a Sua falta nos fazia sentir. Assim, vivenciaremos o momento presente, permitindo que ele seja o que realmente é: um presente, uma dádiva do Amor para ser vivido e sentido em plenitude.

A renúncia aos fatos passados e a entrega do que desejamos realizar no futuro desfaz as ilusões criadas pela culpa e pelo medo. O momento presente já contém o que desejamos, contudo, para vivenciá-lo plenamente, é necessário estar nele. É ficando com a mente presente no presente que realizaremos um futuro verdadeiro e pleno onde não entrarão as discórdias geradas pelas ilusões. O futuro será igual ao momento que já estamos vivenciando. Entretanto, se para realizar o futuro que desejamos, precisamos estar ansiosos e angustiados agora, certamente, ao chegar lá, ainda estaremos assim.

Em algum momento vamos que nos questionar como poderemos, no futuro, ser calmos e plenos se não estamos conseguindo estar assim no presente. Talvez acreditemos que, ao ter mais recursos financeiros e um relacionamento afetivo gratificante, nos sentiremos realizados e plenos.

No entanto, podem essas realizações nos dar paz se não a estamos tendo agora? Certamente, não. Os recursos jamais serão o bastante e o relacionamento afetivo também não será gratificante. Somente ao aceitarmos o Amor no momento presente e sentirmos que Ele preenche todos os espaços é que poderemos ter a certeza de que estaremos felizes, calmos e plenos sempre, pois nos sentiremos assim agora, durante o andar para a realização dos ideais que acalentamos.

Dia 9
Renascer para o Amor

Pensamentos parecem ir e vir. Entretanto, tudo o que isso significa é que, às vezes, estás ciente deles, e, às vezes, não. Um pensamento que não é lembrado renasce para ti quando volta à tua consciência. No entanto, ele não morreu enquanto o esqueceste. Esteve sempre presente, apenas não estavas ciente dele. O Pensamento que Deus mantém de ti é perfeitamente intocado pelo teu esquecimento. Ele sempre será exatamente como era antes do tempo em que o esqueceste, e será exatamente o mesmo quando o relembrares. E é o mesmo durante o intervalo em que o esqueceste. (Um Curso em Milagres)

Com o fim das ilusões, deixamos de viver a partir do ego. Nossas atitudes não mais partem de interesses dele. O ego agora foi desfeito e não tem domínio algum sobre a nossa vontade. A calma e a paz que reinam sobre o desenrolar de nosso dia a dia são a prova constante dessa mudança no comando de nossas ações. A grossa parede deixou de existir, nada nos separa Daquilo que realmente Somos. É nos sentindo verdadeiramente produtos do Amor que realizamos tudo o que está destinado a nós.

Portanto, para ser plenos e felizes em nossos relacionamentos, não é para eles que devemos nos dirigir, e sim, em primeiro lugar, para a Fonte da Criação. O mesmo se aplica a qualquer outra situação que desejamos realizar, pois só Quem tudo cria, apura e transforma pode trazer para junto de nós o que idealizamos, na forma que nos deixará plenos. A Alma sabe o que realmente nos traz plenitude, apenas aguarda que aceitemos ser Amor, para que, então, possamos nos utilizar da Sua nobreza em nossos relacionamentos e criações.

Antes de demonstrar Amor a alguém, precisamos aceitar nos Amar, pois, só assim, aceitando a nossa Filiação e Identidade com a Fonte Criadora, é que nos sentiremos ser dignos de oferecer e de receber o Verdadeiro Amor.

Como conseguimos nos Amar? Como sabemos se estamos nos Amando verdadeiramente?

Sempre questionei se devemos amar o outro ou se devemos nos amar. Para quem sente culpa, é mais fácil acreditar que ama o outro, e ficar dependente da receptividade desse sentimento para se sentir amado, para, então, acreditar que "se ama". Dessa forma, passei um longo período "amando os outros" e esperando sentir que "me amo".

O Amor verdadeiro emana em nós e nos faz sentir Amor por nós mesmos. Não depende do outro, pois somos unos. Não é o outro que faz nos sentirmos amados, felizmente, pois, assim, podemos nos responsabilizar pelo Amor que queremos receber.

Dessa forma, estaremos construindo uma base sólida para vivenciar os nossos relacionamentos. A base é o próprio Amor, onde continuamente depositamos nossa Fé e Confiança; nunca no outro, e, sim, no sentimento de Amor que nos une. O mesmo sentimento que une a tudo e a todos, sempre, mesmo quando acreditamos não mais haver amor, continua existindo, pois a sua existência não está embasada nas ilusões do ego (de desamor ou de amor/apego). Ao viver a partir Dele, não teremos mais dúvidas ou idolatria, e perceberemos a Verdadeira igualdade.

Amar verdadeiramente é dedicar Amor ao Amor que o outro também é. Essa é a forma de nos relacionar sem que haja oposição, pois tudo o que nos separa do Amor deixa de existir. Sentimentos como culpa, medo, mágoa, ciúmes e apego são componentes do ego e nos separam do Amor verdadeiro. Jamais fazem parte Dele.

Dedicar Amor Verdadeiro a alguém especial é uma forma de nos manter juntos do Criador. Com essa dedicação, nossa Alma se eleva, permitindo-nos expressá-Lo em tudo e a todos.

Desejamos vivenciar o Amor, mas nos utilizamos de tudo o que nos separa Dele, como a inveja (dificilmente percebida), o apego, o ciúme, a mágoa etc.. Se acreditamos ter esse Sentimento por alguém, então, por que nos utilizamos de sentimentos que nos separam Dele? Será que não é Amor o que realmente sentimos? Na verdade, é Amor. Entretanto, como não aceitamos termos sido gerados por esse Nobre sentimento que une a tudo e a todos, a ilusão pela culpa resultante da errônea ideia de separação nos acompanha. Assim, os relacionamentos que desejamos vivenciar são negados, não pela falta do Sentimento verdadeiro, e, sim, pela falta de Perdão. Ao desejar um relacionamento de Amor, medo e dúvida não podem estar presentes. Para desfazer esses sentimentos, dando lugar ao Amor, é necessário nos perdoar, aceitando o Ser que somos.

Quando colocamos o ego como meio de comunicação nas nossas buscas, não permitimos um diálogo por meio do espírito. Ele fica em segundo lugar. Nosso relacionamento, então, não evoluirá, pois será vivenciado como matéria, e não como Sentimento.

Ao entregar para a Alma o desejo sincero de viver relacionamentos harmoniosos e plenos, despertamos. Por meio Dela, seremos orientados sobre como, onde e quando deveremos ter atitudes para, então, relacionar-nos também fisicamente. A presença do espírito deve ser constantemente lembrada, pois só assim Ela poderá realizar os nossos desejos.

O foco constante no Agora é fundamental. Viajar em ilusões é um feito do ego que nos afasta do Ser. Devemos nos certificar do que realmente queremos com base no diálogo mantido com a Essência e Lhe dar o comando, mantendo-nos no momento presente. É preciso sentir a alegria, a paz e a plenitude no agora. Esses são os sentimentos que desejamos vivenciar nos relacionamentos que buscamos, por isso, vamos aceitá-los em nós a partir do momento presente, sentindo-os emergir do nosso interior.

Com a presença da alegria, da paz e da plenitude, a Energia de Amor vibrará e atrairá a nossa Alma gêmea que, certamente, está na mesma frequência.

A Alma sempre vibra na Energia do Amor. Mesmo que acreditemos que nossa Alma gêmea possa estar em outra frequência, devemos confiar no Amor que Ela sente em seu interior, que é o mesmo que sentimos. Devemos permitir que o Espírito se encarregue de fazê-La sentir a vibração do Amor que estamos sentindo para, assim, conectar-se a nós, a fim de vivenciarmos a alegria de um relacionamento afetivo completo, pleno, que exista verdadeiramente a partir do Amor.

Dia 10
Traduzindo a verdade

> *Ídolos são bastante específicos. Mas a tua vontade é universal, sendo sem limites. Assim, ela não tem forma, nem fica contente quando tem a sua expressão em termos de forma. Ídolos são limites. São a crença em que existem certas formas que te trarão felicidade e em que, através da limitação, tudo é atingido. É como se dissesses: "Não tenho necessidade de tudo. Quero essa pequena coisa e ela será tudo para mim." E isso não pode deixar de falhar em satisfazer porque é tua vontade que tudo seja teu. Decide-te por ídolos e estás pedindo a perda. Decide-te pela verdade e todas as coisas são tuas. (Um Curso em Milagres)*

A expressão: "A Verdade antecipa-se a todos os fatos" significa que, ao entregar os nossos desejos para o Amor, sentiremos a sua realização antes de o fato ocorrer propriamente. A Essência traduz o que realmente desejamos e nos faz sentir a emoção de já estar vivenciando o desejo realizado. Esse sentimento de plenitude e paz é a Verdade traduzida.

Somos responsáveis pelas nossas realizações. Não existe nada fora de nós que possa interferir, somente os nossos próprios sentimentos. Se positivos, de Amor, de Confiança e de Fé, trarão aquilo que buscamos. Seremos protegidos e apoiados em nossas buscas pelas mentes que compartilham do ideal de realizar por meio de atitudes Amorosas e Dignas. Trata-se de uma corrente que traz a verdadeira alegria e prosperidade, na qual estamos evoluindo, nos transformando e fazendo um mundo melhor.

Com a Verdade interior elevamos nossa autoestima. Sem conhecer a nossa Alma, sem entregar a ela os nossos desejos, realizamos sem um propósito digno, continuando a olhar para fora. Assim, as necessidades se multiplicam, as buscas se tornam repetitivas e, naturalmente, vazias.

A transparência da Verdade, inicialmente, é dolorosa, mas na medida em que se torna habitual, vemos a evolução que Ela nos traz. A partir da iniciativa em viver por meio Dela, seremos impelidos a nos tornar sempre mais transparentes e dignos.

Essa transparência e dignidade passam a estar presente em nossos relacionamentos aproximando-nos de tudo e de todos. Tornamo-nos somente Amor e, assim, percebemos o Amor que o outro também é. Dessa forma, com a separação negada, estamos curados de um mal inexistente para a Essência: a falta de Amor.

A responsabilidade em vivenciar a Verdade

Ao aceitar vivenciar relacionamentos saudáveis e harmoniosos, que nos deixem plenos, vamos ao encontro de grande responsabilidade. Trata-se de uma tradução da nossa Essência: ela observa durante toda a nossa existência e aguarda o momento em que despertaremos para se manifestar e ser ouvida. Assim, obtemos a compreensão do Real Valor dos nossos relacionamentos.

As atitudes de apego ou de negação que sentimos ao nos aproximar de quem optamos por nos relacionar demonstram, acima de tudo, um desinteresse pela Essência. Temos o Amor Verdadeiro, negando a nossa responsabilidade em vivenciá-lo.

Agindo dessa forma, jamais identificaremos a Alma Gêmea, mesmo que já estejamos convivendo com ela. Não haverá a compreensão do Real sentido de nos relacionarmos, e o Amor Verdadeiro não poderá se apresentar, ficando sempre encoberto pelos sentimentos do ego: negação e/ou apego.

A dor que sentimos devido à rejeição e ao afastamento de pessoas com quem desejamos conviver, se entregue para a Essência, a fim de refletir sobre o Verdadeiro motivo por trás dessa atitude, permitirá uma nova aproximação por meio do Amor Verdadeiro. Ou seja, essa dor tão intensa, que às vezes beira o insuportável, quando entregue à Alma, transforma-se no próprio sentimento de Amor.

Para conviver com o outro, devemos despertar para a nossa responsabilidade em aceitá-lo com as dificuldades que traz consigo. E isso não só porque também temos dificuldades, mas principalmente porque o que a Essência deseja é, antes de tudo, a evolução. E ela só ocorrerá com o comprometimento que acontece no Espírito para, então, chegar à matéria, com o relacionamento propriamente dito.

A união verdadeira é a aceitação e o comprometimento realizado pela Alma. A partir daí, o encontro ou o reencontro com a pessoa reservada para nós está liberado. Antes dessa aceitação e compreensão, tudo o que fizermos na busca desse relacionamento ainda será no nível do ego e estaremos fazendo o caminho inverso, que apenas desgasta e faz sofrer.

Devemos ter clara consciência do que desejamos. Essa tomada de consciência abre as portas para os ajustes necessários a uma convivência que trará inúmeras formas de enriquecimento, pois estamos finalmente aceitando conviver por meio do Amor Verdadeiro. Esse Amor é base para todas as criações que desejamos realizar.

Dia 11
Vivenciando a conexão com a alma gêmea

> *Não queres o mundo. A única coisa de valor que existe nele são aquelas partes para as quais olhas com amor. Isso lhe dá a única realidade que jamais terá. O seu valor não está nele mesmo, o teu próprio valor está em ti. Como a valorização do ser vem da extensão do ser, assim também a percepção do valor do ser vem da extensão dos pensamentos amorosos para o que está fora. (Um Curso em Milagres)*

A Alma aguarda com ansiedade o momento em que, depois de ouvi-La, poderemos vivenciar a alegria de uma convivência harmoniosa e plena. Essa compreensão nos acalma e traz paz. Se, anteriormente, precisávamos entregar a Ela o comando de nossos sentimentos, a partir de agora, Ela assumirá o nosso dia a dia. Estaremos inteiramente seguros em chegar onde um dia nos propomos. Não haverá mais necessidade de transpor barreiras: elas se desfizeram porque eram apenas ilusões geradas pela culpa e pelo medo do Amor verdadeiro.

O Amor chegará desfazendo os sentimentos contrários a Ele. Nossa entrega foi aceita plenamente.

A partir desse momento, tudo o que vivenciarmos será Amor. Seremos portadores Dele sem alardes ou euforia. Ao aceitar o Amor em nós, a paz torna-se presente e, ao senti-la, saberemos que ela provém da compreensão e da aceitação do Ser que realmente Somos.

A compreensão de que não mais precisamos nos preocupar com o próximo passo, com o que fazer ou dizer, nos traz a sensação de plenitude. Nossos pensamentos, agora libertos da negatividade e do julgamento, criarão uma nova realidade.

Que realidade será essa? Não é importante saber. Se só dedicarmos Amor, só pensarmos com Amor, só exercitarmos o Amor, o que receberemos como retorno será Amor. E isso foi tudo o que sempre buscamos.

A liberdade em viver o Amor por meio da transparência da Verdade não tem tradução. Não é explicada em palavras. Pode apenas ser vivida e sentida.

O questionamento inicial sobre a existência de uma Alma Gêmea agora é respondido na convivência. Vamos perceber que transformamos algo tão simples, como conviver com nós mesmos, em algo complicado e difícil ao procurar enxergar apenas as diferenças nos relacionamentos, e nunca a igualdade que nos dá paz.

O que a Alma deseja é que olhemos para nós mesmos nessa outra pessoa, que aceitemos as semelhanças e nos foquemos nelas: se não gostamos, devemos mudá-las em nós, não no outro. Devemos procurar Amar até mesmo o que não conseguimos mudar em nós. Ao aceitar essa semelhança, perdoando-a, evoluímos em direção à aceitação do Amor Verdadeiro, ou seja, do Espírito, livre, seguro e íntegro que somos.

O convívio com a Alma Gêmea afasta os valores do ego e nos torna simples e leves, desfazendo as barreiras criadas pela ilusão de separação.

A sexualidade faz parte do convívio como uma inteiração. Sua base é a aceitação da Alma pela Alma. Quando essa aceitação flui com o relacionamento sexual, ela não deve ser ignorada, pois aí está a comunhão necessária para a evolução de ambos. Se nos utilizarmos dessa aceitação, questionando com profundidade o que está por trás de tal inteiração, obteremos a resposta que nos levará para muito além dos momentos de prazer físico. Passaremos a sentir a intensidade e o valor da união espiritual.

Somos uma unidade, e essa compreensão se dá ao aceitarmos conviver com nossa Alma Gêmea. Com ela conviveremos sem sobressaltos,

com harmonia e paz. Isso é o que, basicamente, sempre desejamos. Somente o Perdão e a aceitação do Ser que somos permitirá esse entendimento e o convívio a partir dele.

Somos Seres espirituais em uma experiência física. O relacionamento com a Alma Gêmea não é compreendido e aceito somente a partir do relacionamento físico. Comunica-se pela Alma. Ela nos faz despertar para o Verdadeiro Amor e, só então, entenderemos o significado desse convívio, que é nos acordar para que vivenciemos as maravilhas que o Amor nos reservou.

Escolha

Escolho viver de acordo com o que minha Essência deseja. Prefiro evitar as armadilhas do ego, pois não quero mais viver como já vivi, valorizando e sentindo-me valorizada pelo que produzia externamente, e não pelo que realmente sou: uma pessoa livre, cheia de Amor, perfeita e íntegra. Como não me sentia valorizada, também não valorizava, descartando repetidamente situações e relacionamentos por não corresponderem às minhas expectativas. O que eu não sabia, e que agora escolho saber, era que eu mesma não acreditava ser produto do Amor, ilusão essa que não era desfeita por eu não entregá-la para a Verdade (O Amor) desfazer.

Me perdoo por ter acreditado em ilusões, aceito ser produto do Amor e, portanto, filha de Deus, segura, curada e íntegra. Sou livre e liberta!

Entrego a meu Ser todos os julgamentos e peço que o Perdão completo aconteça. Não tenho alcance para compreendê-lo, mas sei que é o Perdão que cura e faz os Milagres acontecerem.

Escolho trabalhar para a paz, olhando a tudo e a todos com os olhos do Amor. Ninguém busca conflitos apenas porque gosta de conflitos. Essa manifestação é falta de paz interior, nada mais do que isso. Quando enxergamos com os olhos da Alma, o conflito se desfaz porque ele é apenas

uma ilusão. Ao refletir Amor, o interior é tocado. Todos, sem exceção, somos produtos do Amor. A única dificuldade é entender e aceitar isso.

Eu amo o bem! Só existe harmonia e paz. É só o que há. O contrário é ilusão que se desfaz ao depositar nossa Fé e Confiança somente no bem, no que há de positivo e Amoroso.

Aceito Amar incondicionalmente e Nutrir o amor incondicional!

Perdoo a minha existência sem amor e sem perdão! Renuncio ao passado de mágoas e ressentimentos. Escolho viver o presente por meio do Amor Verdadeiro, no qual a ausência de culpa e medo faz a vida fluir, evoluindo e trazendo para junto de mim todos os ideais que acalento.

Compreensão

Ao buscar a compreensão da existência de uma Alma Gêmea, chegamos ao entendimento de que não só existe uma ou mais almas especiais que nos despertam do sono do desamor, por meio do amor incondicional e ininterrupto que nos oferecem, como compreendemos também que todos os nossos relacionamentos são instrumentos do Amor que buscam nos acordar para evoluir. Para que possamos fazê-lo, porém, é necessário perdoar e aceitar as atitudes que nos desagradam. Dessa forma, estaremos nos aceitando e nos perdoando. Na medida em que conseguimos perdoar e aceitar, contínua e verdadeiramente, evoluímos e afastamo-nos cada vez mais de situações desagradáveis, e nos aproximamos de nós mesmos, ou seja, da nossa Essência. Após esse período de intensa introspecção, em que sentimos verdadeiramente o Amor em nós e também por nós, poderemos, ao aceitar a existência de uma pessoa especial destinada a conviver conosco, nos permitir conviver com ela.

Podemos, sim, chamá-la de Alma Gêmea, por se tratar de uma pessoa que no contexto ilusório da separação, tem a missão especial de nos despertar, demonstrando uma aceitação plena e permitindo que consigamos identificar a existência da nossa própria Alma. A partir desse momento Milagroso, o relacionamento começa a evoluir, por meio de atitudes sinceras e verdadeiras vindos da Essência, diferenciando-se dos relacionamentos guiados pelo apego, sentimento do ego que aprisiona e limita, impedindo a evolução.

Compreendemos também que há etapas para sentir e aceitar o Verdadeiro Amor. Primeiro, encontramos algo ou alguém que nos faz despertar para esse Sentimento Incondicional. Se não o limitarmos e nos permitirmos oferecê-lo a tudo e a todos, sem idolatrar e julgar, despertaremos para o Verdadeiro Sentimento de Amor por nós mesmos. Trata-se de um despertar sereno e intenso, vindo do nosso interior, do Ser que somos verdadeiramente, da nossa ligação e união com o Todo. Esse despertar nos libera e liberta para ser aquilo que viemos para Ser.

Em um segundo instante, nos sentimos completamente perdoados. Não precisamos mais buscar algo fora de nós. Nosso interior contém tudo o que buscamos, e, assim sendo, a paz e a plenitude passam a ser uma constante no nosso dia a dia.

Dia 12
Expandindo a alegria de viver

A lei da criação é que ames as tuas criações como a ti mesmo, porque são parte de ti. Todas as coisas que foram criadas estão, portanto, perfeitamente seguras, porque as leis de Deus as protegem por meio do Seu Amor. (Um Curso em Milagres)

A alegria de viver vinda da Essência é transparente, contagiante e duradoura. Trata-se da Alma traduzindo e nos oferecendo aquilo que realmente desejamos. Questionamos e entregamos a Ela, sem reservas, os nossos desejos e anseios. Ao estarmos prontos, libertos da culpa e do medo, tendo deixado de julgar, aceitando e perdoando todas as situações que se apresentaram como negativas, passamos a viver sentindo a paz, a alegria e o Amor que tanto ansiamos.

A Alma desenha um plano perfeito para a nossa existência, a nós cabe aceitar executá-lo. A alegria em viver traduz essa aceitação. Vamos fluir pela vida em harmonia com tudo e com todos. Os desejos que, antes de entregues, significavam a nossa própria vida, agora fazem parte dela. O Amor Verdadeiro, colocado antecipadamente, traduz o que a Alma elaborou para nós e permite a realização com atitudes de caráter e dignas.

Trata-se de um realizar intenso e envolvente. A comunicação é fortalecida pelo Amor que está presente no diálogo. A presença do Amor Verdadeiro desfaz as nuvens de ilusões negativas, como o julgamento, a culpa e o medo, permitindo que o desenrolar dos acontecimentos fluam com base na Verdade que os antecipa.

Ao exercitar viver com a transparência da Verdade, vivendo o que nossa Alma deseja, expandimos a nossa evolução, tanto espiritual quanto afetiva e material.

Essa expansão acontece a partir do momento em que percebemos o interior de cada um com quem nos relacionamos apresentando-se como uma pérola: a concha que a envolve abre-se com o Perdão e a Aceitação, e o que vemos é uma verdadeira joia de raro valor. O material duro, aparentemente intransponível da concha, se transforma em uma envolvente camada que nos permite olhar para o que de Valor existe no seu interior.

Esse olhar "para dentro" do outro nos permite refletir sobre o que há no nosso interior. Se no interior do outro tem um Raro Valor, o nosso interior também é terá esse mesmo Valor. Dessa forma, nos veremos como iguais: se o outro é perfeito em Essência, nos também somos.

Assim, negamos a separação e percebemos a unidade que somos. Essa aceitação nos acalma e traz paz.

A partir desse momento, não *precisaremos* do Perdão do outro, aprenderemos a perdoar também por ele. Esse é o Perdão que realiza por meio da Alma. O perdão que cura e faz os Milagres acontecerem.

Depositando a nossa confiança incondicionalmente

Todos somos instrumentos do Poder Divino: o Amor. Para que Ele possa atender ao nosso desejo de realização, é necessário confiar verdadeiramente no instrumento que foi colocado a nossa disposição. Quando depositamos a nossa Fé e Confiança no Poder Criador, devemos aceitar que algo ou alguém vai servir como meio para atingir o fim que desejamos.

É necessário depositar sempre a nossa Fé e Confiança na Fonte da Criação, não em algo ou alguém específicos, pois, dessa forma, seria idolatria e ficaríamos limitados e dependentes. A Fé depositada na

Fonte não nos desobriga de confiar nas pessoas, pelo contrário, devemos depositar nossa Fé no Poder de Criação e, em seguida, em todos os que nos rodeiam, sem exceção. No transcorrer das realizações, veremos a importância dessa aceitação. Se a Fé é depositada verdadeiramente na Fonte, mesmo que haja qualquer intenção negativa da parte de alguém, essa pessoa atenderá ao positivo que depositarmos nela. Isso revela que a nossa confiança é que será refletida. Já se duvidarmos dela, mesmo que levemente, o Amor se retirará, aguardando um novo momento, quando voltarmos a confiar, para se fazer presente e realizar o nosso desejo por meio desse instrumento. Costumamos não perceber a quantidade de situações em que agimos de forma a impedir a realização que desejamos: queremos algo, mas não aceitamos depositar nossa confiança no outro, por não acreditar em nós mesmos.

Para mudar esse pensamento, que é responsável pelos acontecimentos negativos em nossa existência, é necessário querer a mudança e tomar consciência das atitudes de descrença em relação às pessoas e também de idolatria sobre outras. Ambas advêm da falta de fé no Poder Criador, que é o Amor existente em tudo e todos. A idolatria é negativa e não realiza porque é a fé depositada no ego de alguém, que, na verdade, não tem poder algum. Já a confiança resultante da fé depositada na Fonte Criadora tem o poder de modificar positivamente o comportamento e a resposta de todas as pessoas.

Os Milagres que desejamos se realizam por meio do Amor, e a dúvida jamais pode estar presente. Insegurança, medo e dúvida são sentimentos do ego, que não só não criam como, pelo contrário, afastam o que desejamos. Somente temos tais sentimentos porque ainda não aprendemos sobre a Fé e a Confiança depositadas e entregues ao Poder Criador existente em nosso interior.

Dia 13
A gratidão como fatos de realização

Eu não preciso de gratidão, mas tu precisas desenvolver a tua capacidade enfraquecida de ser grato, ou não podes apreciar a Deus. Ele não precisa da tua apreciação, mas tu sim. Não podes amar o que não aprecias, pois o medo faz com que a apreciação seja impossível. (Um Curso em Milagres)

A gratidão, quando expressada com emoção e sentimento, tem o poder de realizar o que desejamos. Essa expressão sublime do Amor Verdadeiro nos aproxima da Fonte da Criação e libera o que já está preparado para nós.

Aprendemos que devemos entregar para a Mente Divina a realização de um desejo. Essa entrega deve ser feita com Fé, Confiança e Gratidão antecipadas.

Como a realização vem por meio do Espírito, não sabemos qual de nossos desejos está sendo atendido. Portanto, ao sentir verdadeiramente a Gratidão dentro de nós, além de liberar o que mais necessitamos naquele momento, também libertaremos o que já estamos prontos para aceitar e usufruir com Amor, tendo, assim, uma agradável surpresa. As realizações concretizadas por meio da Gratidão, portanto, vindas do Amor, diferem das realizações do ego, pois elas não têm aparência pomposa. O ego realiza para mostrar poder, a Essência realiza para nos deixar plenos. Com as realizações da Força do Amor, percebemos que tudo flui com continuidade, sem percalços e entraves.

As lições que se apresentam durante o andar são de extrema importância: cada situação de dificuldade encontrada deve ser utilizada como aprendizado. Podemos, algumas vezes, não obter o que desejamos, mas não devemos perder a lição que aquela situação nos proporcionou: nunca é o outro o responsável pela negativa, somos sempre nós quem somos responsáveis pelo que sentimos e criamos. Não devemos culpar ou acusar o outro, devemos, sim, Perdoar. Esse ato maravilhoso eleva nossa Alma e, rapidamente, seremos recompensados por uma atitude de Amor, da mesma ou de outra pessoa. Jamais devemos nos esquecer da unidade que somos. Se alguém não está preparado para nos oferecer o que desejamos, por meio do Perdão, quem estiver preparado, nos oferecerá. Se ainda desejarmos que a resposta venha de determinada pessoa, isso acontecerá, pois a mensagem de Perdão chegará também a ela. Sua resposta virá no momento em que estivermos realmente prontos para recebê-la, com Amor Verdadeiro e incondicional.

Sentindo verdadeiramente o merecimento

O encontro com a Alma Gêmea acontece no momento em que nos sentimos conectados com a nossa própria Alma. A certeza de ser merecedor de abundância, companheirismo e Amor em nossa existência, por aceitar que somos produtos do Amor, nos liberará para a plenitude. É o nosso próprio perdão que permitirá ter e ser tudo o que desejamos.

Se nascemos como Almas Gêmeas, mesmo acreditando em separação, a união que foi reservada para nós é divina e nada nem ninguém poderá impedi-la. É a Força advinda da Fé e da Confiança depositadas na Fonte da Criação que realiza essa aproximação.

Fomos feitos um para o outro, objetivando ampliar o círculo de Amor no qual vivemos. A aceitação e o Perdão estarão presentes no nosso dia a dia, permitindo a realização de Milagres, expandindo consciências e modificando positivamente o nosso coração e o das pessoas com quem convivemos.

Ao compreender o Amor que sentimos pela Alma Gêmea, entenderemos que não sabíamos a falta que ela fazia em nossa existência. A angústia, ansiedade e/ou depressão tomavam o espaço reservado para esse convívio.

O intenso sentimento que nos fez despertar remete para a aceitação da existência de um Amor Verdadeiro. Vamos compreender que, na verdade, desejávamos viver junto do Amor em todos os sentidos de nossa existência, em relação a tudo e a todos. As ilusões do desamor, como críticas, ciúme, inveja, julgamentos negativos, comentários agressivos com objetivo de culpar ao outro, medo de perder etc. deixarão de fazer parte daquilo que somos verdadeiramente. O Amor pela Alma Gêmea nos fez querer a mudança no modo de ver e de sentir a vida: deixamos o negativo (limitado/destruidor) para viver o positivo (Ilimitado/Criador).

Então, passaremos a aceitar, agora, diante das concretizações, que só houve uma mente que impedia as realizações com harmonia e plenitude: a nossa própria. É ela que devemos mudar, e não as outras mentes. Estas respondem ao que nós desejamos: se queremos ser bem tratados, se queremos abundância, se queremos amor e companheirismo, é na nossa mente que devemos acolher esses valores, admitindo que podemos oferecê-los e que merecemos recebê-los. O importante é que esse oferecimento deve ser universal. Devemos aceitar que todos, sem exceção, têm o direito de receber o que desejamos. É preciso oferecer indistintamente os bons sentimentos que estão dentro de nós, sem julgar o merecimento de quem os recebe. Essa atitude aberta e abrangente liberará a nossa aceitação e, sem perceber, receberemos o que estamos querendo.

A comunicação por meio do Amor se dá por meio do Perdão: o Perdão libera a nossa mente e permite que o espírito Divino entre em contato com a Fonte da Criação, entregando o nosso "pedido" para que ele seja realizado. Como perdoamos, adquirimos paz para seguir vivendo o momento presente, o Agora, sentindo o que ele realmente é: uma dádiva, um milagre, para ser vivido e sentido com plenitude.

PARTE III
Criações análogas

seg	ter	qua	qui	sex	sáb	dom	seg	ter
1	2	3	4	5	6	7	8	9
10	11	12	13	⑭	⑮	16	17	
18	19	20	21	22	23	24	25	
26	27	28	29	30	31	32	33	

Ao desenvolver nossas atividades diárias colocando em prática a Comunicação por meio do Amor, as experiências serão uma analogia para reforçar o aprendizado. Vamos, na prática, realizar e produzir com base no Amor o que a nossa mente idealizou.

O entendimento de que somos somente Amor e que nossas criações partem Dele, e não do que está diante Dele, que são as ilusões geradas pela culpa e pelo medo, trarão o Novo e Revelador sentido ao que realizarmos.

As criações que partem do Amor preenchem o vazio interior, deixando-nos plenos e completos pela Essência Amorosa que já está em nós, e passa a ser também aceita por nós.

As dúvidas referentes à possibilidade de criar com base na culpa e no medo são respondidas: só o Amor cria verdadeiramente. Tudo o que as ilusões de culpa e de medo fazem é não permitir que venhamos a ter o que desejamos.

Diante dessa constatação, percebemos a importância de somente visualizar o positivo resultante da integridade de tudo e de todos. O negativo não é real, é uma ilusão provocada pelo desamor por nós mesmos, projetado no outro.

Essa ilusão é desfeita quando optamos por aceitar verdadeiramente o Amor que o outro é.

Dia 14
O Amor que somos

Eu sou o Filho de Deus, completo, curado e íntegro, brilhando no reflexo do Seu Amor. Em mim, a Sua criação é santificada e a vida eterna é garantida. Em mim, o amor vem a ser perfeito, e o medo impossível e a alegria são estabelecidos sem opostos. Eu sou o lar santo do próprio Deus. Eu sou o Céu onde habita o Seu Amor. Sou a Sua santa Impecabilidade, pois na minha pureza habita a Sua própria. (Um Curso em Milagres)

O Sentimento de Amor que desejamos receber de alguém, ou que alguém nos faça sentir, já está em nós e podemos senti-Lo por nós. Não é necessário alguém ou algo para trazê-Lo à tona, basta que O aceitemos como parte de nós e ele estará presente em tudo o que realizarmos, pois Somos Ele mesmo.

Costumamos vivenciar os relacionamentos visando a um retorno. Se ele não acontecer, nos afastamos e retomamos a busca em outra relação. Mesmo que o retorno que desejamos chegue a nós, em determinado momento, ele parecerá falho ou limitado. Por mais que uma relação ofereça, aquilo que é oferecido nunca será o suficiente para atender à imensa necessidade do ego, que não tem limites, pois, como é ilusão, não é possuidor desse entendimento.

Somente a Essência, que é puro Amor, detém essa compreensão e pode nos ensinar verdadeiramente sobre limites. Ao nos ensinar, permitirá que vivenciemos os nossos relacionamentos de forma tranquila e equilibrada. Não precisamos nos preocupar em saber qual é o retorno que devemos oferecer ou receber. A Sabedoria orientará cada um permitindo uma convivência harmoniosa e plena.

Assim, ao nos relacionarmos com uma pessoa especial, conseguiremos Ser e deixar Ser livre, sem apego, ciúme ou posse. Trata-se de um relacionamento completo, pois ambos estarão juntos simplesmente para Ser.

Dessa forma, o Amor oferecerá o retorno escolhido. As relações servem para evidenciar aquilo que somos verdadeiramente, pois é por meio delas que fortalecemos a compreensão e a aceitação da unidade: sempre fomos e sempre seremos um só.

O Perdão completo

Perdoar completamente não depende de provas de inocência. Perdoamos o outro aceitando a Perfeição que ele já é e nos perdoamos pela Perfeição que já somos.

Na verdade, não precisamos Perdoar o outro, ele já é perdoado pelo Ser perfeito em essência que é, e não precisamos do perdão de ninguém pelo mesmo motivo. O que é necessário é a compreensão e a aceitação da Essência Amorosa que somos.

Isso é muito diferente de tentar provar a nossa inocência ou a inocência do outro, pois as ilusões se movimentam conforme o interesse de cada um, prevalecendo uma das verdades, e uma das partes se sentirá injustiçada. Isso é válido para o ego, mas não para a Essência. A Verdade Maior não julga e não condena, simplesmente porque considera o fato de que já somos Perfeitos e Íntegros.

A única forma de ficar e de deixar ficar em paz é aceitando o Ser divino que somos e que o outro também é.

Essa maneira de Perdoar está disponível para todos. Para tanto, é necessário aceitar que o Amor Verdadeiro tem pleno domínio sobre nós, e que nossas atitudes são pautadas Nele, e não em ilusões.

Dia 15
Construindo uma base sólida por meio do Amor verdadeiro

O perdão é a única dádiva que eu dou, porque é a única dádiva que quero. E tudo o que eu dou, dou a mim mesmo. (Um Curso em Milagres)

Após vislumbrar o Sentimento de Amor Verdadeiro, devemos preparar o ambiente para vivenciá-lo plenamente.

Tanto o ambiente quanto nós mesmos necessitam de uma minuciosa faxina para o Amor entrar e ficar conosco. Durante esse período de trabalho intenso, sentiremos a Sua presença nos orientando, nos protegendo e nos fortalecendo.

Se percebermos estar novamente nos limites do ego, é porque nos afastamos Dele. No entanto, basta o desejo sincero de voltar à Sua amorosa companhia para a sentir a Sua presença. Então, a cada aceitação, a cada ato de Perdão que oferecemos a algo ou a alguém, o Amor nos oferecerá o presente que estamos necessitando.

Então, Sua presença torna-se indispensável, e não nos permitimos mais vivenciar um ambiente onde o Amor Verdadeiro não esteja interagindo. Tornamo-nos anfitriões Dele onde quer que estejamos, física ou espiritualmente.

Assim, agora que desejamos Sua presença constante, já que despertamos para a convicção segura de que somos Parte Dele e, portanto, Ele próprio, poderemos seguir vivenciando-O em todos os momentos.

É nesse andar que vivenciaremos somente o positivo e o bom que passamos a compartilhar.

A comunicação por meio do Amor com os filhos

Aceitar, confiar e educar é a nossa missão como pais. É sentindo-se aceitos que os filhos mostram o que realmente são, dizem o que desejam dizer e fazem o que têm vontade de fazer, sem mentir ou tentar enganar. Devemos escutá-los e observá-los sem julgar, confiando que o Sentimento de Amor que nos une impedirá a evolução daquilo que possa vir a prejudicá-los. Basta permitirmos que vivam as experiências que eles consideram importantes que, então, eles permitirão que estejamos próximos para educá-los com Amor, sem reprimi-los.

Educar verdadeiramente é possível quando aceitamos educar a nós também, perdoando as situações que nos magoaram. Afinal, os filhos tendem a repeti-las, e é aceitando e perdoando que vamos desfazer tais ilusões. A partir daí, vivenciaremos a orientação que dita a Sabedoria, mas não somente voltada a eles. Em geral, destina-se a nós em primeiro lugar.

A comunicação por meio do Amor no ambiente profissional

Vamos imaginar um ambiente profissional onde a motivação está no ideal de realizar por Amor a realização em si, deixando à parte a necessidade do sustento pessoal e familiar, pois ela será suprida naturalmente.

Esse pensamento, ainda não aceito por quem "luta" pelo sustento diário, será constante na medida em que aprendermos a aceitar e a perdoar.

Quando optarmos por aceitar todas as situações que dificultam o desenvolvimento do trabalho que estamos realizando, compreendendo

que se trata de uma ilusão criada a partir da errônea ideia de separação, e passarmos a ter o Real interesse em desfazer a nuvem que nos impede de ver claramente a solução da dificuldade criada, vamos Perdoar a nós mesmos e também a situação, e receberemos a realização que estamos buscando. Dessa forma, deixaremos de optar pela mágoa e aceitaremos o Milagre, pois a grande dificuldade que encontramos é ultrapassar a grossa parede erguida pelo ego que, sem que percebamos, prefere a mágoa pela não realização do que o Milagre pela realização por meio do Amor.

A comunicação por meio do Amor no relacionamento afetivo

Costumamos dar continuidade ao relacionamento afetivo que nossos pais tiveram e, em geral, desconhecemos que é isso que está acontecendo com o relacionamento que vivenciamos. Sem querer, relacionamo-nos com a imagem do Pai ou da Mãe, reclamando afeto e proteção, não nos sentindo livres e também não liberando.

O relacionamento afetivo com base no Amor Verdadeiro renova a antiga postura de marido/mulher-pai/mãe para uma postura em que cada um é responsável pela própria manutenção afetiva e pelo nutrir-se do Amor necessário, e também de outras necessidades. Não seremos dependentes nem criaremos dependências, pois saberemos que temos uma fonte inesgotável de tudo o que precisamos. É necessário apenas nos voltar a Ela.

Do ponto de vista do ego, o relacionamento torna-se desnecessário, e é a partir dessa compreensão que ele passa a ter o sentido do Amor Verdadeiro, pois nos relacionaremos somente em função do Amor que nos une, permitindo, então, a liberdade necessária para a evolução acontecer.

A união que parte da Alma enriquece a nossa existência, permitindo também o enriquecimento de inúmeras outras, pois passaremos a ser um exemplo do que o Amor pode realizar quando nos entregamos a Ele verdadeiramente.

Se, em meio ao aparente caos gerado pelos conflitos dos relacionamentos em geral conseguirmos manter o pensamento, e, consequentemente, o olhar no que há de Verdadeiro e Real em cada um – ou seja, se o Amor que Somos estiver refletido no Amor que o outro também é – passaremos a entender que o objetivo dos relacionamentos afetivos é, antes de tudo, nos preparar para essa compreensão amorosa.

Ao despertar para o verdadeiro Amor por meio de alguém, a Alma reflete a Perfeição em Essência que a pessoa Amada tem e, por meio desse Amor, o nosso e também o que é visto no outro, devemos pautar todas as relações que vivenciarmos.

Assim, sem perceber, sentiremos dentro de nós o Amor que Somos Verdadeiramente. A partir daí, tudo o que vivenciarmos irá refletir esse Amor.

Estaremos, então, conscientemente despertos para o Amor/Divindade que Somos.

PARTE IV
Amor por nós mesmos

seg	ter	qua	qui	sex	sáb	dom	seg	ter
1	2	3	4	5	6	7	8	9
10	11	12	13	14	15	(16)	(17)	
(18)	19	20	21	22	23	24	25	
26	27	28	29	30	31	32	33	

A responsabilidade em nos tratar bem é nossa. A consideração que passamos a ter por nós mesmos é que servirá como espelho para quem se relacionar conosco. Apreço, de verdade, somente sentiremos na medida em que vivermos com a autenticidade que vem da conexão com a nossa Essência, da aceitação de que somos o próprio Amor, vindo a vivenciá-lo em tudo e com todos, deixando de *obrigar* que determinado relacionamento o faça por nós.

Dia 16
Ser livre e liberar

De almas sinceras a união sincera. Nada há que impeça. Amor não é amor se quando encontra obstáculos se altera, ou se vacila ao mínimo temor. Amor é um marco eterno, dominante. (William Shakespeare)

"Somos livres e liberamos" é a expressão do Amor sendo aceito em nossa existência e em nossos relacionamentos. Vimos a compreender que não devemos procurar mudar o outro ou a nós mesmos, precisamos, sim, aprender a nos aceitar como uma perfeita resposta do Espírito de Amor que somos.

Esse conceito de Aceitação nos leva a vivenciar relacionamentos com base em uma transformação que nos fará trocar o amor, com "a" minúsculo, pelo Amor, com "A" maiúsculo.

Nos Amarmos é um grande desafio, porque precisamos superar a dúvida sobre ser merecedor de Amor e de tudo o que esse Sentimento nobre tem a nos oferecer.

Com a consciência de que o Amor sempre esteve presente, e que apenas não havia sido reconhecido, assumimos nossa determinação em realizar um presente sentindo Amor por nós e por todos com quem nos relacionarmos.

Os relacionamentos vivenciados sem a aceitação de que há algo mais do que necessidades de qualquer ordem nos limitam e impedem a evolução. Já a energia que emana de um relacionamento no qual aceitamos a partir do Ser que somos supera obstáculos e preconceitos de toda ordem, permitindo um processo de evolução contínuo e permanente.

Costumamos não aceitar a Fonte da energia que promove a união. Por essa razão, ao rejeitá-la, vivenciamos relacionamentos de forma limitada e culpada.

Ao convidar o Ser Divino para estar conosco em nossos relacionamentos e entregarmo-nos verdadeiramente, sentiremo-nos presentes. Diante da aceitação plena do momento presente, podemos despertar para o senso de unidade. Dessa forma, conseguiremos perceber a intensidade do Sentimento que nos une uns aos outros e poderemos compreender, a partir daí, o seu Real valor.

No caso de um relacionamento amoroso e sexual, sentiremos que algo maior está acontecendo conosco e isso não poderá mais ser limitado a quatro paredes.

Uma força positiva, intensa e muito poderosa assumirá o controle do andar da nossa vida e de nossas relações. Se não resistirmos e nos entregarmos ao movimento dessa força, ela nos levará para muito além dos limites que costumamos impor a nós mesmos. Essa entrega deve ser feita com fé e confiança no Amor que nos une. Trata-se verdadeiramente da Divindade fazendo parte da união. Vamos, então, convidá-la a ficar conosco e a nos conduzir. A energia do Amor que permitimos estar presente em nós aceita na intensidade do momento e fará de tudo para nos fazer crescer e evoluir.

Nós a queremos sempre, mas somos impedidos pelos sentimentos contrários a ela que, infelizmente, também, estão em nós, pois assim que o momento Divino do convívio chega ao fim, voltamos para os pensamentos do ego, afastando o Amor que nos uniu.

A permanência do Sentimento de Amor depende muito do nosso querer e eleição por Ele. Para mantê-Lo conosco, é muito importante e necessário uma faxina em nossos pensamentos. Sem essa limpeza, o Amor que se apresentou fica escondido. No entanto, como se trata de Amor, ele reaparece assim que perceber o ambiente preparado para o reencontro.

Essa tomada de consciência de atitudes com base na culpa, que impede a construção de um mundo abundante e livre, é feita pelo Divino.

Somente com Ele isso é possível, porque o ego, por meio da razão, não permite a mudança necessária para o Amor entrar. Devemos, então, entregar a Ele o nosso pedido sincero de mudar os nossos pensamentos para positivos e verdadeiros. Isso acontecerá com a Aceitação dos fatos que consideramos negativos, compreendendo que os sentimentos que eles despertam não são mais importantes do que o Amor que escolhemos sentir dentro de nós. O Perdão de tais sentimentos devolve a positividade à nossa mente.

O Amor verdadeiro não é o sentimento de apego ao qual estamos acostumados. Trata-se de um Sentimento baseado na Verdade, em uma verdade que nos fortalece, pois ela não leva em consideração as artimanhas criadas pelo ego, em que um dos lados procura levar vantagem. A Essência é pura sabedoria, podemos e devemos confiar a Ela todos os relacionamentos. Assim, não seremos surpreendidos por acontecimentos que se distanciam do que realmente queremos e merecemos.

O Amor que buscamos com o relacionamento afetivo, por exemplo, já está em nós. A união com a pessoa que desejamos O traz à tona.

Saberemos que estamos preparados para esse reencontro com o Amor quando nos preocuparmos com o que a Alma deseja, volvendo-nos a Ela antes de atender às solicitações do ego. Perceberemos, então, que estamos amando a Alma com a Alma e tudo o que está diante dela deixa de ter sentido: aparência, condição econômica, atitudes e palavras. Saberemos, enfim, que tais elementos não traduzem a Essência e cada um.

Dia 17
O Perdão em relação à sexualidade

> *"Eu, de fato, compreendi mal o mundo, porque coloquei nele os meus pecados, e os vi olhando de volta para mim. Como pareciam ameaçadores! E como me enganei ao pensar que o que temia estava no mundo e não apenas na minha mente. Hoje, vejo o mundo na gentileza celestial com que brilha a criação."*
> (Um Curso em Milagres)

É chocante quando nos damos conta de que deixamos de viver a alegria transparente oferecida pelo ato sexual por puro preconceito. Negamos olhar e sentir esse momento lúdico como algo natural e espontâneo. Fazemos isso porque não aceitamos a nossa verdadeira natureza, que é desprovida de forma e preconceito. A beleza e a profundidade de um relacionamento em que o Amor, por meio da verdadeira atração, está presente, não têm como ser descritas, só podem ser vividas. E ainda há quem acredite (como eu acreditei um dia) que Amor é uma coisa e atração sexual é outra.

Essa compreensão errônea se deve ao fato de entendermos o amor como apego. A verdadeira atração sexual não vem do apego. Ela simplesmente acontece, e não exige a convivência constante nem se sente dona do outro. Quem ama e sente a verdadeira atração sexual, libera, e o faz, não por desinteresse, mas por estar seguro da união.

O erro em considerar apego como Amor se deve à ideia, também errônea, de que somos separados do Criador e uns dos outros, negando, assim, o elo invisível que é o Espírito. É Dele que emana a real atração. Ele nos leva até onde podemos nos aproximar do Amor verdadeiro, e

nós, muitas vezes, preferimos ir aonde a culpa pela separação se apresenta como amor, vivenciando situações forçadas pela imposição do ego. Esse comportamento reforça a nossa própria rejeição, levando o outro a fazer o mesmo conosco. A teimosia característica do ego impede a entrega que abriria espaço para infinitas possibilidades de nos sentir aceitos. Assim, acreditamos que é pela insistência que o seremos, quando, na verdade, é por meio da aceitação do Ser espiritual que somos, ou seja, da nossa Real aceitação, que vamos ser aceitos e amados.

O importante é ter presente que é sempre Amor que estamos buscando, e tanto nós quanto os outros somos Amor. Nunca fomos nem seremos inferiores a esse nobre sentimento. Nossas crenças negativas, vindas da errônea ideia de separação, é que nos faziam sentir indignos do Amor verdadeiro e acreditar que determinado sentimento ou comportamento era feio ou errado.

Para vivenciar o Amor que somos, é necessário limpar os conceitos de desamor existentes em nossa mente e permitir que os sentimentos e pensamentos de Amor surjam em primeiro lugar. É possível fazer isso com uma busca interior profunda, indo de encontro a tudo o que não gostamos, sendo honestos e sinceros sobre os nossos sentimentos. A partir daí, devemos aceitá-los e entregá-los ao Divino Espírito Santo para que sejam Perdoados e desfeitos em nós.

O que realmente importa é a abertura da Alma. Manter o espírito aprisionado é o motivo de toda a infelicidade existente, pois nos deprime imensamente. Para liberá-lo, devemos aceitar que não é com a culpa e com os sentimentos negativos decorrentes dela que desejamos conviver, pois a culpa é resultado da ideia de separação, de desunião. Se estamos querendo vivenciar relacionamentos com base no Amor, somente por meio da união da Alma isso será possível.

Podemos começar aceitando nos voltar para o Espírito Divino a fim de obter ajuda para que aquilo que desejamos que se realize por meio Dele. Aos poucos, perceberemos que o que queremos, de fato, é evoluir, e nossos desejos ficarão em segundo plano. A evolução acontece na medida em que novas situações são apresentadas exigindo que nossa Fé e confiança sejam repetidamente exercitadas. Assim, nos sentimos subindo a escada que leva à plena realização. Os degraus serão vencidos conforme vamos superando as dificuldades espirituais que impedem os feitos, por meio do ato de aceitar e entregar ao nosso Ser os entraves que dificultam a concretização de nossas idealizações.

Começamos a aceitar a nossa Essência quando escolhemos uma nova forma de vivenciar a vida. Passamos a querer que a Essência Divina se faça cada vez mais presente, traduzida em pensamentos e em atitudes de Amor verdadeiro. Tudo o que vivenciamos é Amor, e quando não O percebemos como tal, é busca deve ser por Amor.

O encontro com o amor

Ao mergulharmos na escuridão de nossa mente e tomarmos consciência dos pensamentos e das atitudes que devemos aceitar e Perdoar, veremos a beleza da Alma se apresentando, nos fazendo ver tudo e todos por meio Dela: é o encontro com o Amor. Vamos sentir que amamos a Alma com a Alma. A presença física não é necessária para sentir e expressar o Amor. Ele se expressa por nós e sentimos sua Energia poderosa fluindo, fazendo a beleza da vida, da natureza, do momento presente e das pessoas com quem nos relacionamos saltar aos nossos olhos. Sentimos que o Amor é realmente nosso, está no nosso interior e se transporta para tudo e para todos. Descrever esse encontro é impossível, pois a intensidade do Sentimento que se expressa por meio de nós é algo que as palavras não traduzem.

O sentimento do Verdadeiro amor nem sempre é compreendido e aceito de imediato no relacionamento que nos despertará para Ele. Poderemos passar anos "à deriva", perdidos, sem provar o sabor indescritível desse sentimento, mesmo já tendo convivido, ou mesmo convivendo, com quem está destinado a nos fazer despertar. Seria tão mais simples nos relacionar com a pessoa certa se entendêssemos qual é o sentimento que devotamos em cada relacionamento! No entanto, criamos

confusão, sofrimentos e desencontros por desconhecer a nossa Essência. É a partir da nossa Alma que vamos entender, não somente quem somos, como também com quem devemos nos relacionar afetivamente.

Assim, saímos da prisão do ego, do seu domínio triste e cruel, que costuma selecionar quem é bom e quem é mau para a nossa convivência, reduzindo significativamente as relações, impedindo novas e positivas experiências, pela limitação do "isso pode e isso não pode". Estaremos seguros de estar oferecendo o verdadeiro Amor em todas as relações, e saberemos, também, qual é o propósito de cada uma delas em nossa existência.

Quando vivenciamos o dia a dia com da Alma, percebemos que nada temos a esconder, nem a temer. Vivenciamos tudo de forma clara, nossa mente fica limpa dos sentimentos negativos. O que ela recebe como negativo é rapidamente traduzido como busca por Amor. O julgamento, que tanto nos trouxe dissabores, se encerra. Não mais nos sentimos na condição de Juízes. Passamos a olhar sem julgar. Se ainda aparecer algo que acreditamos ter de julgar, damos um passo para trás e entregamos ao Divino, pedindo que Ele o faça por nós.

Traduzindo o porquê da não aceitação do Amor

Ao seguir o nosso dia a dia, percebemos que quem nega a realização dos nossos desejos é o ego. Ele o faz porque quer nos manter nos seus limites. Ao optar pela Aceitação, pela entrega e pelo Perdão sempre que não estivermos obtendo o que precisamos ou desejamos, veremos que realmente somos nós quem nos boicotamos. Desejo realizado é o Amor se apresentando.

Quando nos voltamos para a Essência e pedimos que Ela nos mostre o que devemos Perdoar, somos surpreendidos pela constatação de que situações do nosso passado se repetem continuamente de forma contrária ao que desejamos. Ao entregar ao Divino o julgamento

de tais situações, perceberemos o Perdão se fazer presente. Quando nos sentirmos perdoando e perdoados, estaremos aceitando o Amor que somos. Cada ato de Perdão nos aproxima do Amor e, sem que o ego perceba, nos religamos a Ele de forma definitiva.

Existe uma afirmação de que tudo o que resistimos persiste. Se resistirmos a aceitar que somos uma unidade e que, quando ouvimos ou vemos algo que nos desagrada somos nós quem estamos sendo refletidos naquela situação, se não quisermos que tal situação continue para o outro e para nós, devemos aceitá-la e entregá-la para o nosso Ser. Isso deverá ser feito de forma profunda e constante, para que não façamos dela um motivo de culpa. Ele utilizará a situação em questão para nos trazer a paz.

A aceitação das *nossas* limitações e a entrega delas ao Divino para que Ele julgue, as desfaz. Ele vê que se trata de ilusões e, na Sua compreensão, elas são desfeitas e curadas.

Resisti muito em aceitar que o Amor se estende a tudo e a todos e não somente a algumas pessoas escolhidas. Ao me deparar com a compreensão de que o Amor Verdadeiro é o que fica quando o apego se desfaz, pude entender o Amor de forma mais ampla: amamos sempre. Apenas o Amor verdadeiro está escondido por trás do apego, e, ao nos desfazer, por meio da entrega ao Divino, dos sentimentos de medo e de culpa, que reforçam a carência e o apego, conseguimos visualizar o Amor presente, intocado, puro, pronto a nos curar de Sua falta.

Nós não conseguimos saber a forma que essa cura vai tomar, mas a Sua intensidade e abrangência nos deixa livre de quaisquer sentimentos contrários ao Amor.

A cura se dá quando a separação é negada. Separação, pecado e culpa têm o mesmo significado, portanto, quando aceitamos a unidade que somos, estamos nos curando da falta de Amor verdadeiro. Se estivermos unidos à Fonte criadora, seremos Amor, pois Ela é Amor. Como, então, poderemos sentir falta de algo? Amor é o que buscamos!

A dificuldade que enfrentamos para a obtenção de nossas conquistas, que sempre resultam do Amor, se deve ao fato de que o ego se

apodera do andar delas e as transforma em produto da culpa, dificultando a obtenção e a sua permanência conosco e criando focos de dificuldade para obtenção de novas conquistas. A consciência do Amor verdadeiro, então, presente em tudo e em todos, desfaz essa ilusão.

Para desfazer esse circulo vicioso, é necessário querer a Paz e aceitar o Ser que somos, nos voltar a Ele e reforçar que O queremos no comando de nossas vidas e, claro, no comando de nossas realizações. É preciso "fincar raízes no Ser", como diz o Mestre Eckhart Tolle no livro *O despertar de uma nova consciência*, da Editora Sextante. Outro aspecto que ele reforça é que devemos avaliar qual é o valor que estamos dando ao momento presente. Trata-se apenas de um meio para alcançar um fim? Como estamos tratando o "Agora"? Reclamando? Criticando? Mesmo em pensamento? Devemos questionar com frequência, até sentir que estamos verdadeiramente vivendo o Presente, sentindo o que este momento de Vida é, dando um Real valor à Vida que nos foi oferecida, pois somente conseguimos valorizar a Vida no agora.

Dia 18
AMOR X amor

Tu te identificarás com aquilo que pensas ser a tua segurança. O que quer que seja, acreditarás que és um com ela. A tua segurança está na verdade, e não em mentiras. A tua segurança é o amor. O medo não existe. Identifica-te com o amor e estás seguro. Identifica-te com o amor e estás em casa. Identifica-te com o amor e achas o teu Ser. (Um Curso em Milagres)

Há grande diferença entre o sentimento de Amor verdadeiro e o que costumamos chamar de amor.

Quando compreendi essa diferença, pensei que não haveria como conviver profissional e afetivamente por meio do Amor Verdadeiro, pois O considerei tão sublime a ponto de não aceitar que fizesse parte de uma relação física. Transpor essa barreira, imposta pela culpa, é o grande desafio que devemos superar a fim de alcançar plenitude.

A aceitação de que somos, em primeiro lugar, Espíritos, nos faz observar a separação com os olhos do Perdão. A profundidade dessa compreensão impede, em um primeiro momento, que consigamos olhar para nós mesmos como seres em uma experiência física, portanto, também vivenciando a separação.

Depois, passamos a olhar para tudo e para todos com aceitação incondicional, mas ainda não nos aceitamos incondicionalmente, e é a partir dessa aceitação que vamos transpor a barreira imposta pela culpa. A riqueza de tal experiência supera obstáculos como distância, mágoas por desentendimentos e incompreensões.

Para conviver em harmonia com o outro, é necessário estar em harmonia conosco. Isso só é possível na medida em que desistirmos da culpa. O passo inicial é a aceitação de todos como produto do Amor, portanto, Divinos em essência. O passo seguinte é ver essa Divindade em cada um com quem convivemos, aceitando e perdoando seus atos e atitudes, entendendo que se trata de uma busca constante por Amor e, completando o ciclo, aceitar a Divindade em nós. A partir dessa aceitação, Perdoaremo-nos pelos equívocos que cometemos durante a existência, por tratar-se, também, de busca por Amor.

Em relação ao amor romântico, a base da culpa, reforçada em algumas culturas religiosas, é a sexualidade, que é tratada como tabu e como um ato impuro, ou ainda, obsceno. Com esse pensamento, é impossível aceitar uma relação afetiva em que a aproximação aconteça também por meio da atração física. Recentemente, escutei alguém expressar o que um dia eu também acreditei: "Amor é uma coisa e sexo é outra". Ou seja, assim, buscaríamos, então, uma pessoa para vivenciar o Amor e outra para vivenciar o relacionamento sexual? Podemos intimamente não acreditar nisso, mas, ao optar pela hipocrisia, é possível adquirir esse comportamento, que gera ainda mais culpa porque contraria as atitudes de caráter e dignidade existentes em nós, mantendo-nos distantes de nossa Essência, pela falta de perdão.

Na convivência profissional, há inúmeras situações de julgamentos diferentes. Se tentarmos impor o que acreditamos ser correto, poderemos criar animosidades nas nossas relações. A entrega dessas situações ao Espírito Divino permite que o Perdão se apresente diante das situações. Com a Sua presença, certamente as situações conflitantes serão resolvidas com base no entendimento do Amor.

Desistir da culpa e aceitar a união permite o desfazer dos equívocos, que estão somente em nossa mente. A união nos confere um "salvo conduto" para vivenciar todos os relacionamentos que escolhermos. Vamos saber o que cada um está verdadeiramente nos oferecendo, sem as confusões que o ego cria quando nos faz escolher algo diferente do que a relação está pronta a nos oferecer.

No caso do relacionamento romântico, tememos aceitar a união porque acreditamos que, dessa forma, a atração deixará de existir. Na verdade, o que deixará de existir é a atração pela culpa, ou ainda pelo jogo da culpa. Nos relacionamentos em que a principal motivação é o *jogo* físico, a consciência da possível presença do sentimento de Amor verdadeiro é aterrorizante. O medo coloca-se de prontidão para evitar o desfazer da atração pela culpa, conseguindo, na maioria dos casos, o seu objetivo, mantendo as vítimas do medo distantes um do outro. No entanto, se o relacionamento for o destinado ao convívio sexual e afetivo, a relação será refeita assim que forem desfeitos os sentimentos de medo e de culpa que impediam a consciência do Amor verdadeiro, sempre presente.

O presente passa a ser um remédio livremente escolhido para cada escolha equivocada quando optamos por desistir da culpa e aceitar a unidade que somos.

Aceitar a unidade que somos, no caso das relações românticas, significa colocar o Amor como fonte de atração. Devemos compreender que a atração que sentimos fisicamente tem como base a união Espiritual e, assim, desfazer a culpa causada pela ilusão da separação. O jogo da culpa deixará de existir, e o Amor colocado em seu lugar servirá como motivação para a união e para o convívio físico.

Substituir a culpa pelo Amor verdadeiro mantém a atração, o que irá diferenciar será o Sentimento agora presente, que tornará o convívio altamente gratificante, enriquecido pelo valor de Sua nobreza e Magnitude.

Atração pela culpa x atração pelo amor

O sexo realizado sem a intensidade e a profundidade de um relacionamento que atende, em primeiro lugar, à solicitação da Alma, não nos satisfaz e deixa sempre a sensação de "falta algo". Continuaremos

buscando o que falta por algum tempo com o mesmo parceiro. Então, ao perceber que não encontramos esse algo, que é o Amor, vindo dele, desistimos ou continuamos a procurar em outros relacionamentos, sem encontrar.

O mesmo acontece com o alimento: quando alimentamos somente o corpo, e não o espírito, vamos continuamente tentar saciar a fome por Amor com comida, sem sucesso. Aumentaremos o tamanho do nosso corpo e não sentiremos o Amor que estamos buscando.

Ocorre o mesmo quando buscamos recursos financeiros: nunca o que se destina a nós é o suficiente. Ficamos atentos à remuneração alheia, deixando de considerar o valor da nossa, acreditando que estamos sendo explorados, que o outro está sendo mais bem remunerado ou que está ganhando sobre o nosso esforço etc. Tais atitudes mostram que acreditamos ser merecedores de pouco, embora almejemos muito. Além disso, trata-se, também, de busca por Amor.

Somente saciaremos a Fome de Amor quando aceitarmos nos voltar para o nosso interior: entregando-nos para o Amor *do* e *no* momento presente.

Para vivenciar os relacionamentos com Amor, saciando o espírito e também o corpo, é necessário que aceitemos conviver com os presentes que a Essência nos dá para os relacionamentos.

No entanto, como sabemos quais são os presentes da Essência? É aquele convívio que "acontece" sem nosso esforço, que se apresenta de forma descompromissada e transparente, que nada exige de nós e que simplesmente nos aceita como somos. É também aquele convívio que aparece e desaparece sem fortalecer o apego, mas que, a cada reencontro, mostra-se igual, pois não pode ser de outra forma, já que sua base é a Essência que sempre é e foi, sem alterações.

Quando aprendemos a atender, em primeiro lugar, o Ser espiritual que somos, aceitando que é o Amor Verdadeiro que está nos faltando e permitirmos, continuamente, nos voltar para a Alma, dialogar com Ela e aprender a Sua linguagem, Ela traduzirá tudo o que nos acontece – todas as situações que vivenciamos são um recado Dela com fins à nossa evolução. Então, com real interesse, procurando compreender e atender o que Ela nos informa, saberemos a medida necessária em tudo o que vivenciamos: recursos, alimento, sexo. Teremos, assim, conhecimento do limite que atende às necessidades do corpo, pois o Espírito estará sendo atendido em primeiro lugar.

No momento em que a atração pela culpa não se faz mais presente, nos sentimos livres para vivenciar as nossas escolhas, sabendo exatamente o papel de cada uma delas em nossa existência. Conseguimos ter e dar limites, possibilitando um convívio renovado com a aceitação e a compreensão do Amor sempre presente.

PARTE V
Projeção

seg	ter	qua	qui	sex	sáb	dom	seg	ter
1	2	3	4	5	6	7	8	9
10	11	12	13	14	15	16	17	
18	⑲	⑳	㉑	㉒	㉓	24	25	
26	27	28	29	30	31	32	33	

Vivenciamos inúmeras situações nas quais são refletidos os nossos sentimentos negativos não admitidos. Mesmo tendo conhecimento da projeção, é difícil vê-los como nossos no outro. Somente por meio do questionamento e da introspecção vivenciada pela meditação é que podemos trazer à tona e tomar conhecimento desses sentimentos que não aceitamos existir em nós. Isso acontece porque queremos muito sentir amor. No entanto, diante do Amor verdadeiro, se encontram a mágoa e a raiva resultantes da falta de Perdão. Se não limparmos os sentimentos negativos por meio da aceitação e da entrega deles ao Divino, permaneceremos sentindo um amor falso, que facilmente se mistura com a raiva e traduz a mágoa que está em nós, criando dificuldades nas relações e no andamento das nossas atividades.

O falso amor existe porque acreditamos **precisar** uns dos outros, e que se não tratarmos o outro de determinada maneira, este não atenderá a nossa necessidade. Na verdade, o que fará o outro atender ao nosso pedido é a aceitação do nosso merecimento sobre o que estamos pedindo, e essa aceitação vem do Perdão.

Quando usamos o falso amor para obter o que desejamos, estamos apenas negociando. Se oferecermos um falso amor para receber algo em troca, em breve iremos precisar fazer uma nova negociação, pois tudo o que recebemos sem acreditar no merecimento, se desfaz.

Em situações nas quais buscamos Amor e este não é refletido, podemos ter certeza de que, por trás do nosso amor aparente, está a raiva, a mágoa e a culpa. Trata-se da antiquíssima mágoa pela separação se apresentando.

Pela minha experiência, não basta ter conhecimento disso e acreditar que já nos sentimos perdoados, produtos do Amor, para que esse equívoco seja desfeito. É necessário olhar para o relacionamento e **aceitar nele a presença do Amor verdadeiro**, para, então, admitindo a raiva e a mágoa que O encobrem, entregar ao Divino Espírito para que sejam desfeitos os equívocos cometidos.

Com os equívocos desfeitos por meio do Perdão, passaremos a nos comunicar por meio do Amor, e o relacionamento terá a autenticidade que é a base necessária para as realizações.

O Perdão que desfaz os equívocos é aquele que o Amor nos oferece. Percebemos que ele está acontecendo quando podemos nos Amar em qualquer forma e situação. Deixamos o julgamento e optamos por sentir o Amor presente em nós. Sentiremos que podemos nos Amar a todo o momento, independente de como está o nosso corpo físico, de como está a nossa situação financeira, mesmo com discordâncias acontecendo, com ou sem uma relação romântica. Perceberemos a presença do Amor em nós a cada milésimo de segundo da nossa existência. Não poderia ser diferente, já que somos o Amor!

Com essa certeza, as situações que estão diferentes do que gostaríamos deixarão de existir, e serão substituídas por aquelas que nos deixam mais confortáveis, seguros e felizes.

Entendo agora a importância de me Amar, antes, porém, nunca havia entendido como fazê-lo. As críticas que fizemos a nós e aos outros são formas de nos punir. O Amor não pune. Portanto, ao aceitar nos Amar diante de qualquer situação, impedimos que a punição se apresente na forma de negação das situações positivas que buscamos para nós.

É interessante, e até engraçada, a postura que costumamos ter diante das críticas a nós mesmos e aos outros: temos a ilusão de que elas nos fazem pessoas melhores. O ego acredita que se autocriticando estará pagando o pecado da culpa e, então, tornando-se merecedor de algo positivo. Nada mais contrário do que deve ser, pois é nos aceitando plenamente que seremos merecedores do que escolhemos, já que a

culpa não existe, pois ela advém da ideia errônea de sermos separados uns dos outros e do Criador. Nunca nos separamos, apenas criamos a ilusão de separação, portanto, não há razão para nos sentir culpados ou pecadores. Falo aqui sobre qualquer situação, e não somente nas quais acreditamos haver o pecado. Somos Espíritos livres, seguros, curados e íntegros em todas as situações que vivenciamos. O Amor a nós mesmos deve ser sentido e aceito sempre.

Se trabalharmos o Perdão ao outro com profundidade até ver nele somente o Ser que é, torna-se simples sentir o Amor por nós também, e, a partir daí, Amar incondicionalmente.

Dia 19
Merecimento

No instante em que a ideia de separação entrou na mente do Filho de Deus, naquele mesmo instante foi dada a resposta de Deus. No tempo, isso aconteceu em uma época muito distante. Na realidade, nunca aconteceu absolutamente. (Um Curso em Milagres)

O merecimento se dá quando a separação é negada, quando nos sentimos unidos uns aos outros por meio do Amor que Tudo abrange.

Por que, então, é tão difícil saber receber?

Acreditamos que sabemos receber, mas, na verdade, o que sabemos é "tomar posse" de algo, o que não significa receber verdadeiramente.

Quando tomamos posse de algo, seja uma casa, um cargo, uma atividade e até pessoas, acreditamos que podemos fazer com eles o que bem entendemos, mantendo-os junto de nós de forma egoísta ou descartando-os sem dar-lhes o devido Valor.

Receber significa exatamente o contrário de posse. Trata-se do reconhecimento de que podemos usufruir das escolhas que fazemos. Elas, porém, não são nossas, mesmo que tenhamos pagado financeiramente por elas, apenas estão à nossa disposição para que possamos usufruir delas com Amor. Dessa forma, ao usufruir da conquista, passamos a nos sentir responsáveis pela permanência dela conosco. Vamos, então, nos dedicar a envolvê-la com nossos sentimentos sinceros de profunda e comedida gratidão.

A ausência de aceitação do merecimento reflete-se constantemente na falta de gratidão: recebemos, mas parece que nunca é aquilo o que realmente buscamos. É evidente que, se estamos em busca de Amor por nós mesmos e este não se antecipa àquilo que recebemos, a conquista não nos preenche.

Já quando o Amor se antecipa, e isso significa que sabemos que a escolha que fizemos está conosco porque nos Perdoamos, nos sentimos merecedores, e, por meio desse Sentimento, iremos usufruir da conquista.

Sentir merecimento depende também da aceitação da abundância que já está à nossa disposição. Costumamos estar com nossos pensamentos voltados às faltas futuras, impedindo que o momento presente seja sentido. Basta um comentário que contrarie o entendimento de segurança para que o ego comece a questionar todas as possibilidades, trazendo escuridão à nossa mente, impedindo que continuemos a ver a Luz que já está brilhando tanto no presente como no futuro. Diante de tal constatação, percebemos que nossa Fé ainda está depositada em idolatrias, e não na Fonte abundante que está à disposição de todos.

Devemos entender também que a falta de perdão encontra-se centrada nos ídolos, se ele falha ou apenas demonstra essa possibilidade, nos sentimos impotentes e enfraquecidos.

A fraqueza e a impotência se devem à ausência de certeza de sempre estarmos sendo ajudados. A ajuda Divina nunca se afasta de nós, somos nós que, pela necessidade de idolatrias, nos afastamos dela. Devemos ter presente que Deus é a Força na qual confiamos, a que nos faz sentir unidos ao Criador, e que certamente nos fará sentir unidos também aos nossos irmãos.

A sensação de abandono e de solidão se desfaz quando voltamos a ter certeza de que não estamos sozinhos, de que nunca estivemos nem iremos estar, pois Deus está conosco onde quer que estejamos.

Abundância

Há muita abundância no Universo, e o que nos impede de usufruir dela é a nossa falta de perdão. Quando nos perdoamos completamente, interagimos com a Fonte da força maior que tudo cria, apura e transforma, trazendo para junto de nós os ideais que acalentamos.

Estamos habituados com algo paralelo à abundância. Costumamos vivenciar situações nas quais o objetivo de ter nos faz sentir gananciosos. Presenciamos esse comportamento por toda a parte, e o culpamos pela escassez e pela falta existente. Ao contrário do que pensamos, a escassez e a falta são geradas pela falta de Perdão, elas não são resultado da ganância.

A abundância permite que todos tenham aquilo que escolhem ter, e o Perdão pela compreensão e pela aceitação do Ser ilimitado que somos libera as nossas escolhas. Não somos impedidos por quem é ganancioso, pois este também sofre com a ideia de escassez e de falta. O seu comportamento demonstra exatamente isso, pois ele está continuamente em busca de algo para ter mais e suprir uma possível falta, seja ela atual ou futura. Isso não impede que obtenhamos o que escolhemos ou precisamos, é a nossa falta de perdão ao comportamento ganancioso é que cria dificuldades que impedem a realização desejada. Para vivenciar a abundância, é necessário Perdoar, deixando o julgamento de lado, e depositar nossa Fé na Fonte da Criação, reconhecendo a abundância presente.

Como estamos habituados a viver com a mente voltada ou ao passado ou ao futuro, o reconhecimento da abundância à nossa disposição "agora", para o ego, é estranho e dificultoso, pois ele está sempre à espreita de dificuldades. Ao optarmos por reconhecê-la, entregando para a ajuda Divina que está conosco a escolha de despertar para esse reconhecimento, vamos chegar a ele. Somente com a ajuda Divina é possível perceber tudo o que de bom e positivo está à nossa disposição: recursos materiais, dinheiro, saúde, relacionamentos amáveis e, claro, Amor, pois este está inserido em tudo.

O Perdão antecede o receber e nos faz sentir que os resultados não são mais importantes do que o sentimento de Amor que está em nós, por essa razão, entregamos. Essa forma de ser demonstra a nossa imensa confiança na Força Criadora. Sabemos que Ela está suprindo as nossas faltas, pois sentimos o Amor que as cria.

Iniciamos o processo de Perdão procurando sentir a nossa própria aceitação naquilo que o outro reflete em nós, isto é, nos perdoamos no outro. Esse processo leva um grande período de tempo, em função da quantidade de julgamentos contrários ao Amor que costumamos ter. Olhamos para o outro e vemos nele aquilo que deixamos de ver em nós. O criticamos sem saber que estamos criticando a nós mesmos, pois somos uma unidade e ele apenas reflete aquilo que não gostamos em nós. Por essa razão, esse olhar bate tão fortemente que nos irritamos, nos magoamos e, muitas vezes, nos afastamos de quem nos faz sentir assim. No entanto, levamos conosco tudo aquilo que o outro nos fez ver. Muitas vezes, é praticamente impossível ver a situação como um reflexo nosso. Entretanto, se nos deixou tensos, irritados, com raiva ou assustados, certamente se trata de algo nosso que está ali para ser curado.

A segunda parte do processo de Perdão é a aceitação da unidade que somos. Devemos ver nessa unidade somente Amor, deixando de lado tudo que seja diferente Dele e permitindo um convívio em harmonia e em paz com todos.

A parte final do ato de Perdoar é o Perdão Completo, quando nos percebemos sendo o próprio Amor, sentindo Amor por nós mesmos e aceitando oferecer esse Amor a tudo e a todos indistintamente. Sem esquecer, porém, de que tudo e todos inclui a nós mesmos.

Dia 20
Usufruindo com Amor

E o que uma vez foi um sonho de julgamento, agora mudou e veio a ser um sonho no qual tudo é alegria, porque esse é o propósito que ele tem. Só sonhos que perdoam podem entrar aqui, pois o tempo está quase no fim. E as formas que entram no sonho são agora percebidas como irmãos, não em julgamento, mas em amor. (Um Curso em Milagres)

Para usufruir com Amor, é necessário perceber que esse sentimento abrange o início, o meio e a finalização daquilo que estamos usufruindo. Ao nos propor adquirir uma residência, pagar um curso universitário, desenvolver uma atividade, manter um lar, um escritório, uma empresa etc. o sentimento de Amor deve estar presente quando fazemos a escolha, quando buscamos os recursos financeiros para adquirir ou pagar, e, especialmente quando pagamos.

Percebi que costumamos sentir Amor no momento da escolha, mas não conseguimos mantê-lo em nós quando as dificuldades interferem no desenrolar para a sua obtenção, como falta ou atraso na chegada dos recursos financeiros para efetuar tanto os pagamentos paralelos à escolha como ela própria.

Devemos compreender que os recursos financeiros que pagam as nossas escolhas simplesmente são um meio que o Criador se utiliza para nos permitir a sua estada conosco. Dinheiro não é a Fonte Criadora, como costumamos pensar, dinheiro é apenas um dos meios que a Fonte utiliza. Pode ser doação, troca, herança etc. Se nenhuma dessas formas estiver disponível, a moeda é a alternativa utilizada. Para tanto,

desenvolvemos atividades e a receberemos para que sirva de meio para atingir o fim que escolhemos.

O ego acredita que Deus e dinheiro são separados. Quando o dinheiro falta, reza-se a um deus separado para obtê-lo, mas somente quando não o consegue por meio das artimanhas costumeiras.

O dinheiro e qualquer outro recurso advém da Fonte Criadora com a qual estamos conectados. É ao nosso Ser Divino que devemos nos voltar para a sua obtenção, e não a ídolos. Quando os meios se aproximarem de nós, devemos considerá-los como são, nem mais nem menos, e usufruir deles com Amor, evitando a tentativa do ego de nos deixar inseguros não só sobre a abundância existente, como também sobre a entrada de novos meios.

O ato de efetuar qualquer pagamento deve ser feito com o Amor para dar continuidade à generosa e abundante presença desse nobre Sentimento junto de nós.

Presença

Estar com o espírito, o corpo e a mente unidos permite a paz necessária para o Amor se expressar por meio de nós, permitindo que compreendamos os porquês das dificuldades para, assim, desfazer o sentimento que encobre a presença do Amor em nós.

O medo, por exemplo, pode ser identificado quando nos distanciamos dos nossos propósitos, arranjando desculpas e, muitas vezes, acreditando que é isso que Deus quer para nós. Por que a Divindade impediria a nossa realização? Qual seria o Seu objetivo com esse propósito?

Esse seria o tal deus punitivo, sempre atento aos nossos erros e pecados, fazendo-nos olhar para eles antes de liberar o que escolhemos. Quando recebemos, esse deus nos oferece também a culpa para que nos sintamos limitados e culpados para usufruí-las. O erro que acreditamos ter cometido ao nos separar da Fonte e uns dos outros

permanece em nossa mente e impede a aceitação da unidade. Graças ao Criador verdadeiro e único, esse deus do ego é a ilusão criada pelo medo, e pode ser desfeita por meio do Perdão.

Na verdade, nós nunca pecamos, pois jamais nos separamos do Criador e nem uns dos outros; continuamos sendo unos, mesmo com a ilusão da separação. Ao compreender isso, o erro deixa de existir em nossa mente. Sem ele, a punição que o ego impinge, ao impedir as nossas realizações com o medo, fica sem sentido, portanto, desfeita pelo Perdão.

Ao aceitar a nossa filiação Divina, nos sentindo produtos do Amor, e não da separação, o erro é corrigido, abrindo a porta para a entrada das realizações. Saberemos, então, que é o Amor, advindo da Fonte Criadora, quem as proporciona, e não o ego com suas "lutas e artimanhas".

O mundo em que vivemos, com base na separação, é resultado da soma dos medos. Por esse motivo há tanto sofrimento. E não pensemos que o sofrimento se encontra somente nas camadas carentes, ele encontra-se em todos os que ainda não despertaram para o sentimento de unidade. Portanto, onde percebemos ostentação de riqueza e poder, há também a crença na desigualdade resultante da ideia de sermos separados.

No despertar, que parece ser individual, mas não é, pois somos unidos, muitos estão tomando consciência do Amor em um mesmo momento. Esse é um entendimento que traz conforto e nos permite ir adiante, mesmo percebendo a infelicidade causada pela ausência da consciência do Amor sendo vivenciada por quem amamos. Apenas com a nossa escolha em servir como instrumento do Divino para o propósito do despertar, poderemos realmente ser úteis e cumprir a nossa missão de aprender e ensinar a Perdoar.

Prece: Amado Deus, permita que eu saiba expressar o Amor e que, por meio Dele, muitos sejam despertos para a unidade. Peço ajuda Divina para realizar esse propósito de forma contínua e segura. Deixe-me

pegar em Sua mão, segurando também a mão de meus irmãos, para seguirmos juntos para o nosso Lar confortável e seguro que é o nosso Lar em Ti. Amém!

Uma existência com base no Amor sempre presente é a única forma de desfazer a crença no medo. O medo não pode ser combatido nem vencido, apenas pode ser substituído pela consciência do Amor. Portanto, quando nos depararmos com o entendimento de que vivenciamos uma ilusão coletiva com base no medo e nos perguntarmos como superá-lo, chegaremos à compreensão de que ele não precisa ser superado. Precisamos apenas deixar de acreditar nas ilusões negativas que ele provoca em nossa mente.

Percebo que todas as mensagens contrárias às possibilidades de criações de nossas escolhas positivas são resultantes da negatividade provocada pelo medo. Sem a consciência de que fomos criados pelo Amor, e de que somos, portanto, filhos Dele, permaneceremos nos limites desse pensamento contrário ao que desejamos. Santo Agostinho disse: "Ter fé é acreditar nas coisas que você não vê; a recompensa por essa fé é ver aquilo que você acredita".

Depositar nossa Fé de forma inquestionável na força do Amor (algo que não vemos) nos permite vivenciar as realizações (aquilo que acreditamos). Podemos vivenciar a Presença Divina na Luz dos anjos nos ambientes, na Cura de doentes e em todas as realizações pessoais e materiais que escolhemos obter com base no Amor.

Dia 21
A sincronia do Perdão

Desejo um mundo que eu governe em vez de um mundo que me governe? Desejo um mundo no qual eu tenha poder em vez de ser impotente? Desejo um mundo no qual não tenha inimigos e não possa pecar? E quero eu ver aquilo que neguei porque é a verdade? (Um Curso em Milagres)

Depositando a confiança do nosso andar no Divino, entregando a Ele tudo o que acontece e também o que desejamos que aconteça, vamos despertar para a sincronia Divina voltada ao Perdão. Cada situação que vivenciamos, negativa ou positiva, quando aceita e entregue, nos leva a outra e, em seguida, a outra, assim, sucessivamente. Vamos evoluindo e fortalecendo o entendimento do verdadeiro sentido de estarmos aqui, que é apurar e transformar os nossos sentimentos de negativo para positivo, de mágoa para Perdão, de ódio ou raiva para Amor, da errônea ideia de separação para a segura e amável certeza da união.

Somos Espíritos em uma experiência terrena: aceitar essa realidade modifica a nossa maneira de ver os acontecimentos do dia a dia; não só os pessoais, como, também, os fatos que se desenrolam com as pessoas em geral, sejam elas do nosso convívio ou não. A paz, advinda da compreensão de que somos seres espirituais que habitamos um corpo para vivenciar a experiência física, cujo único objetivo é evoluir em direção ao Amor verdadeiro, nos permite olhar para o plano material e ver nele esse propósito. Todos, sem exceção, estamos em busca do Amor. Alguns já têm clara consciência disso, outros, nenhuma, mas tanto em um caso quanto no outro, a busca é a mesma.

O Divino nos conduz em direção ao Amor verdadeiro por meio da sincronia da totalidade dos acontecimentos durante a nossa caminhada. Cada acontecimento nos leva adiante, dando à nossa existência uma dinâmica gratificante e contínua. Inicialmente, devemos ficar atentos à sincronia, mas, na medida em que ela se intensifica e torna-se a nossa realidade, a veremos como natural e espontânea. Viver sem ela deixa o dia a dia sem brilho e sentido. Por esse motivo, estamos sempre procurando entender o que devemos Perdoar para que a sincronia continue, não só por dar sentido aos fatos, mas também porque sabemos que é por meio dela que chegaremos à realização dos nossos propósitos.

O despertar para as realizações por meio do Amor Divino acontece quando nos percebemos Perdoados, e isso significa que nenhuma das escolhas que fizemos são mais importantes do que o Amor existente em nós. Dessa forma, não mais forçaremos situações para obter o que desejamos, entregaremos e confiaremos de forma incondicional e irrestrita na providência Divina. Saberemos que somos Espíritos em uma condição física, que nosso espírito não é o nosso corpo e que ele está livre para realizar o que desejamos. Ele cuida de nós e providencia tudo o que precisamos, nós, então, devemos apenas manter o Amor presente.

Como sabemos se estamos mantendo o Amor presente? Quando a negatividade não bate mais na porta de nossa mente, mesmo que aparentemente o que precisamos não esteja à nossa disposição. (O ego precisa da segurança da informação da entrada de recursos ou da atenção de alguém, por exemplo, e se isso não acontece, ele passa a não acreditar na realização). Com o Amor presente, percebemos que o importante é a paz que estamos sentindo, sabemos que ela advém do Perdão e isso significa que a realização não é mais importante do que o Amor que já está em nós.

Vamos perceber, então, um novo movimento da sincronia, agora pautada no Amor, e não mais na necessidade do Perdão.

A SINCRONIA DO AMOR

Sentir o Amor verdadeiro difere da usual compreensão de sentir amor. O amor resultante do apego resulta da obtenção de algo. É um sentimento que nos dá a sensação de poder e que precisa ser comparado com o resultado de outro para ter validade. Também não é contínuo, sofre altos e baixos porque a sua base não é a igualdade.

Já o Amor verdadeiro resulta da compreensão da igualdade, e sua base é a Essência de cada um. Para ser contínuo, basta que nos voltemos para essa base quando nos relacionarmos. Ele não advém da obtenção de algo, pelo contrário, advém da certeza de que não precisamos obter nada, pois já nos sentimos completos pela segurança da aceitação do Ser espiritual que somos.

O Ser que nos faz vivenciar essa experiência física, quando aceito, expressa o Amor por meio de nós, realizando uma existência repleta de situações novas e gratificantes. Deixamos de ser conduzidos pelo ser pequeno em que acreditávamos para, agora de forma ampla, existir como produtos do Amor.

Ser produto do Amor não significa atender às solicitações aprendidas para agradar ao deus do ego, ou seja, da culpa. A culpa pede punição e, infelizmente, é atendida. Portanto, atender às solicitações da culpa não libera o que merecemos realmente. O que libera é o entendimento seguro da união, logo, o Perdão dado a nós mesmos. Somente atendendo o que o nosso interior pede é que nos sentiremos completos, gratificados e curados do senso de separação.

A sincronia do Amor é a sincronia da cura que acontece pela aceitação da unidade. A partir do instante em que decidimos, com o apoio Divino, nos tornar um instrumento de cura das faltas, da escassez e das doenças existentes pela crença em ser somente um corpo, vivenciamos a liberdade que o Perdão nos oferece e aceitamos, também, ser merecedores das escolhas que fizemos.

Isso se deve ao fato de querer fazer algo pela humanidade, por querer dar aos nossos filhos um mundo curado, por tomar consciência do Real valor do Ser que somos. Pelo Valor existente em cada um de nós, somos responsáveis por ter e por providenciar uma existência digna a cada um dos que aqui habitam. Quando falamos em dignidade, falamos, em primeiro lugar, em curar a ilusão de ser apenas matéria. Acreditar exclusivamente nela nos deixa limitados e doentes, sempre à mercê de um ego exigente e vulnerável, que não sabe o que quer, que troca de ilusões a todo o instante, que nos coloca em apuros e não nos mostra a saída.

A cura que oferecemos vem do Ser. Por meio Dele, mudamos para positiva a nossa maneira de pensar e de agir, e, como as mentes são unidas, passamos adiante a nossa própria cura. É certo dizer que estamos sempre curando a nós mesmos, pois tudo o que vemos, mesmo se distanciando daquilo que agora acreditamos, ainda está em nós de alguma maneira. É por meio da aceitação e do Perdão que permitiremos a entrada do Amor que fará a cura acontecer.

O *Um Curso Em Milagres* (Editora Abalone), nos diz que o corpo não precisa ser curado, é a mente que pensa ser um corpo que deve deixar de acreditar nessa limitação. Portanto, toda a cura vem da mudança de pensamento. O nosso Espírito é curado e íntegro. Quando passamos a aceitá-lo, somos curados de toda e qualquer situação negativa, seja ela doença, escassez ou falta de qualquer ordem. Isso acontece porque somos supridos daquilo que acreditamos estar faltando: o Amor, pois toda doença ou falta vem da ideia de estarmos separados do Espírito de Amor, Deus.

Para aceitar o nosso Espírito, devemos, em primeiro lugar, aceitar e Perdoar as situações que acreditamos ser negativas. Assim, abriremos espaço em nós para o Ser assumir e, por meio do Amor, resolvê-las.

A SAÍDA

Quando nos perdoamos e aceitamos o nosso merecimento, percebemos que a abundância está no nosso interior, e é nos voltando a ele que a acessamos. Buscar fora de nós faz parte do senso de separação. A riqueza, que está em nosso interior, aguarda pela introspecção para ser manifestada externamente. A saída que o ego não consegue nos mostrar é o voltar-se para dentro e perceber o imenso espaço fértil e abundante que temos, pronto a nos fornecer as dádivas das quais somos naturalmente merecedores.

O Amor que está em nosso interior é o Causador de todas as realizações, estes são seus efeitos. Quando buscamos fora de nós, estamos pedindo um efeito sem Causa.

A cura das ilusões acontece quando aceitamos buscar dentro o que acreditamos faltar fora de nós. A partir do instante em que nos percebemos perdoados, nos dirigir para o interior para acessar a abundância é algo natural e espontâneo. Buscar algo fora de nós é que se torna antinatural, uma volta a um passado com base na separação, da qual estamos conscientes ser irreal. Sentimo-nos invadindo um meio em que a crença na separação é a única presente, e nós, que nos curamos dela, temos a função de salvar por meio da opção pelo Perdão, sem participar do jogo da separação.

Sentimos a unidade que somos a partir do interior, pois é nele que, de fato, somos unidos. É da nossa essência que emana o sentimento Criador, os momentos de introspecção são sublimes, pelos quais deixamos uma vivência de busca para viver instantes de realização que preenchem a existência com novos, gratificantes e abundantes acontecimentos. A fé, a confiança e a gratidão pela criação do momento presente são emoções que só podem ser vivenciadas, e não descritas.

O sentimento de unidade nos oferece a certeza de jamais prejudicarmos ou sermos prejudicados por alguém. Quando entregamos para a Essência divina, nos voltando ao nosso interior, ficamos seguros de

que é a Sabedoria quem organiza os fatos de forma que só o bem possa advir. Tentar realizar a partir do raciocínio é colocar a nossa confiança onde ela não é justificada.

Como podemos conhecer todas as faces de um problema e resolvê-lo de maneira que todos concordem e sintam que estão sendo respeitados? A aceitação dos fatos como se apresentam e a entrega deles ao Divino, além de nos tranquilizar e dar paz ao nosso dia a dia, harmonizando o convívio, permite abrir espaço para o Amor entrar e realizar os nossos propósitos. Perceber a Sabedoria agindo por meio nós é lindo e gratificante.

A condução Divina somente é possível por meio da aceitação e da entrega dos fatos. O Perdão é aceitação da Divindade em nós, ou seja, todo o poder para o andar aqui é nosso a partir da entrega ao Ser. A crença do ego é de que essa condução é feita por ele, aceitando um deus externo que lhe daria poder por um merecimento resultante de determinado comportamento. Na verdade, somente quando nos Perdoamos e aceitamos a nossa filiação Divina é que o Poder nos é dado. Atitudes dignas e de bom caráter, ditadas pela ótica do Amor, são naturais para quem se aceita como produto do Amor. No entanto, elas não determinam o merecimento, pois este existe a partir do Perdão vindo do Ser.

Dia 22
O Perdão em relação à escassez

> *No mundo da escassez, o amor não tem significado e a paz é impossível. O ganho e a perda são ambos aceitos e, assim, ninguém tem consciência de que o amor perfeito está dentro de si. No instante santo, reconheces a ideia do amor em ti mesmo e unes essa ideia com a Mente que a pensou e que não poderia abandoná-la. Mantendo-a dentro de si mesma, não há perda. (Um Curso em Milagres)*

Escassez e falta advêm da ausência de Perdão a elas mesmas. Deixamos de vivenciar a abundância porque nos mantemos presos ao pensamento de escassez e de falta. Quando aceitamos e entregamos a situação de falta em que nos encontramos, buscando o Perdão dessa falta (sentindo que a situação não é mais importante do que o Amor que escolhemos manter dentro de nós), desfazemos a sua importância, impedindo a entrada do medo, deixando de culpar outros ou a situação e de nos culpar, abrindo, assim, espaço em nossa mente para o Amor entrar e nos fazer sentir internamente o Perdão que traz o merecimento.

O propósito da nossa vinda para o plano físico é transformar e apurar os nossos sentimentos. Aprendemos, inicialmente, a aceitar e a entregar tudo o que nos acontece, objetivando a entrada do Amor para o Perdão acontecer. No momento em que percebemos que os fatos que ocorrem ao redor não mais movimentam negativamente o nosso interior, podemos, então, começar a Criar por meio do Amor. Antes de apurar e de transformar os nossos sentimentos por meio da

aceitação e da entrega, na busca do Perdão, qualquer pensamento que queira Criar uma realidade positiva será utilizado pelo ego e nos deixará ansiosos e tensos.

O Perdão em relação à falta ou à escassez é a base para iniciar o processo de Criar por meio do Amor. O Amor é positivo, portanto, os nossos pensamentos passam a refletir somente o positivo que escolhermos. A tranquilidade que o Perdão em relação à escassez ou à falta nos oferece, abre espaço para o positivo estar constantemente em nossa mente. Deixamos de duvidar do positivo, pois é somente ele que vemos e sentimos.

Ver e sentir o positivo não significa concordar com situações diferentes das que escolhemos. Significa, sim, abrir espaço para outras possibilidades, nos tornando flexíveis, permitindo um diálogo transparente em que é possível as partes colocarem os seus pontos de vista, podendo a escolha ser mantida ou modificada. Quando isso acontecer, não será porque uma das partes cedeu, e, sim, porque houve uma sadia concordância.

No momento em que optamos por vivenciar o positivo, passamos também a nos importar exclusivamente com o que a Alma deseja. E o que ela deseja é que realizemos os nossos propósitos a partir do Amor. Somente isso! Para ela, não importa quais sejam os nossos propósitos e escolhas. Se boa ou ruim, vai depender exclusivamente do sentimento que vivenciamos durante a experiência dela. A eleição dos desejos é nossa, entregamos para o Ser conduzir a realização, e Ele nos ensinará a realizá-las por meio de atitudes de bom caráter e dignas, presentes na escola Universal, a escola do Amor.

Quando Criamos por meio do Amor, a moeda deixa de ter a importância que tinha diante das nossas escolhas. O valor Real passa a ser a evolução, por isso, o que nos importa agora é o que o nosso interior reflete. Deixamos o apego que protege o ego, entregando as decisões e as escolhas para o nosso Ser realizá-las por meio do Amor. A liberdade e a leveza que então sentimos, sem a exigente postura do ego, permite-nos ir adiante com a positividade em nós.

Dia 23
Escolhas e decisões com Amor

Não te contentes com a pequenez. Mas estejas certo de compreender o que ela é, e por que nunca poderias te contentar com ela. A pequenez é o oferecimento que fazes a ti mesmo. Tu a ofereces no lugar da magnitude e a aceitas. Tudo nesse mundo é pequeno porque é um mundo feito de pequenez na estranha crença em que ela pode contentar-te. Quando lutas por qualquer coisa nesse mundo acreditando que tal coisa te trará paz, estás te diminuindo e cegando a ti mesmo para a glória. A pequenez e a glória são as escolhas disponíveis para os teus esforços e a tua vigilância. Tu sempre escolherás uma à custa da outra. (Um Curso em Milagres)

Decorre um longo período para conseguir aceitar o Amor verdadeiro. Nesse meio tempo, deixamos escolhas e decisões suspensas, pois certamente iriam prejudicar e atrasar a abertura do Amor em nós. Elas poderiam fortalecer o ego, e o objetivo era enfraquecê-lo até que ele se desfizesse, para, então, o Amor tomar o seu lugar de direito na nossa existência.

No instante em que nos sentimos no direito de fazer escolhas e de tomar decisões com Amor, é porque a culpa e o medo se desfizeram.

Antes da chegada do Amor, escolhas e decisões aconteciam a todo instante, e eram trocadas a todo instante: escolhia-se e descartava-se com a mesma rapidez por meio de decisões instantâneas e impensadas.

Com o Amor presente, vamos receber o que já foi dado, receber o Amor presente nos relacionamentos que vivenciamos e, também, nos que almejamos vivenciar. Vamos receber a atividade profissional

que nos remunera, receber os meios e locais onde podemos expor o nosso aprendizado, receber, receber e receber as dádivas que o Amor reservou e que nos oferece a todo o instante.

Devemos aceitar o que está presente, aceitar o momento presente como ele é, e deixar de buscar aquilo que ainda não está aqui. Precisamos valorizar as dádivas já ofertadas, aceitando o presente com o que ele possui.

A escolha que devemos fazer agora é estar positivamente presente no momento presente. Iremos curar e ser úteis como e onde estivermos. A decisão que tomamos é evitar sentir medo, mantendo a Fé. Seguimos adiante com a condução Divina, seguros, plenos e em paz.

Julgamento e "rótulos"

Há uma série de rótulos que colocamos diante das situações, dos outros e também de nós mesmos, que podem ser tanto positivos quanto negativos, e esperamos correspondência a eles. O *Um Curso em Milagres* nos diz que o mundo julga acreditando saber o que é bom ou ruim e que, como sabemos, o que é bom para mim pode ser ruim para o outro, e vice-versa. Como, então, julgar corretamente? Para nós, isso é impossível. É necessário compreender que não podemos julgar, não apenas porque *não devemos*, mas porque não temos esse poder. Como isso também é uma difícil tarefa para o ego, Deus colocou à nossa disposição um Julgador. Devemos entregar o julgamento ao Divino Espírito Santo, pois somente Ele sabe julgar as inúmeras faces de um problema, emergindo daí a melhor solução. A nós cabe simplesmente confiar.

Confiando, deixando de julgar e de rotular, passamos a perceber que o importante é nos sentir em paz e com a mente livre dos conflitos que os rótulos e os julgamentos costumam trazer. Não almejamos mais que uma situação seja desta ou daquela forma, pois estamos confiantes de que somente o bem estará presente.

Essa postura livre abre espaço para novos e positivos acontecimentos. Julgar é tomar decisão por nós mesmos. No entanto, a principal lição de um novo começo é justamente não tomar decisão alguma por nós, ficando seguros de que aquilo que escolhemos nos será dado.

No adendo ao *Um Curso em Milagres*, Oração, Perdão e Cura, somos orientados de que não podemos ter sucesso em nossas orações se rezarmos pedindo algo específico, pois estaríamos colocando outros deuses diante do Criador. Devemos estar conscientes de que não queremos Amor algum senão o Dele. Dessa forma, a Sua resposta não pode ser outra, exceto que nos lembremos Dele. Assim, Ele, certamente, nos oferece o que estamos necessitando, pois sabe do que sem que precisemos pedir.

Orar é soltar o que está preso e passar um tempo em quietude, no qual se Ouve e se Ama. Não são súplicas, é, sim, um meio de nos lembrarmos da nossa Santidade.

A ausência de julgamento permite que possamos oferecer a oração na forma que estamos aprendendo agora. Sem julgamento, não precisamos pedir nada específico, pois não julgamos os possíveis resultados, os aceitamos porque sabemos ser o que o Amor está nos oferecendo. Deste modo, sendo o Amor o que é, não seremos privados do bem que Ele nos reservou.

Escolha: Escolho seguir adiante sentindo alegria dentro de mim. Quero escrever sobre as maravilhas de estar aqui e vivenciar a presença constante do Amor verdadeiro em tudo e em todos. Venho com esse objetivo desde o início do Curso em Milagres. Atravessei um oceano de ondas complicadas, e, às vezes, agressivas, que pareciam querer me afogar. Eram as mágoas resultantes da culpa pela ilusão de separação. Estou aqui, meu Deus e meu Ser, disponível para ser tudo aquilo que escolhemos juntos que eu seja. Sei que estou livre do medo, da culpa e das mágoas. Quero vivenciar a consciência constante do Amor a partir deste instante. Se eu não tomar decisão alguma por mim mesma, esse dia me será dado, e depois outro, depois outro... Amém.

Celebrando a alegria de viver

Ao superar o medo, aprendemos que inúmeras são as formas de receber o que já nos foi dado. Aceitando todas as situações como se apresentam, abrimos espaço para o Amor criar novas e positivas formas de suprir as necessidades que surgem. Nada precisamos fazer além de Aceitar e de Entregar fatos e situações. O Perdão verdadeiro é realizado pela presença Divina que há em nós; daí a necessidade da Aceitação e da Entrega.

Para celebrar a alegria de viver, é necessário estarmos conscientes de que é Amor o que se busca em qualquer situação, seja ela em relacionamentos, em dinheiro ou em poder. O Amor está presente em todos os instantes dessa busca, e é a culpa que nos impede de vê-lo. É seguro que, quando O encontrarmos, a culpa desaparecerá. Apenas o Amor permanecerá, para, então, ser vivenciado constantemente, desfazendo a necessidade de irmos buscá-Lo nos relacionamentos, no poder e no dinheiro. Saberemos que Ele já está em nós, e que apenas se transporta para aquilo que vivenciamos. Os fatos do passado que ainda gerarem mágoa devem ser sempre Aceitos e Entregues para serem Perdoados e desfeitos em nossa mente.

Mesmo que pareça que determinada situação já esteja perdoada, devemos confirmar se ainda há mágoa ao percebermos que determinados fatos não fluem. Podem ser pequenos ou grandes, a intensidade não é importante, pois "pequenas mágoas" não existem. Existem situações que parecem ser sem importância e que não conseguimos resolver. A não aceitação de um fato significativo resulta em várias outras dificuldades. Observando as dificuldades menores, aceitando-as e entregando-as para que sejam Perdoadas, vamos, certamente, chegar à solução do fato de maior importância para nós.

Por exemplo: estamos tendo dificuldade em conquistar algo ou alguém. Já acreditamos ter aceitado e entregue o que escolhemos e, mesmo assim, o fato não se realiza. Vamos, então, rever nossos conceitos de certo e errado:

* Aceitamos o nosso comportamento no passado?
* Como nos julgamos?
* Acreditamos que agimos de forma desonesta e, agora, queremos ser honestos?
* É a nossa crença em certo e errado que está nos dizendo como é que se deve ser e agir?

Se não concordarmos que, para viver uma determinada situação, é necessário aceitar e Entregar ao Divino a situação já vivida para que possamos olhá-la com os olhos do Amor, nenhuma situação que formos viver atualmente vai permitir que nos sintamos "certos". Portanto, devemos olhar o fato passado, confrontando-o com o que queremos atualmente, e ver naquele fato o Amor que desejamos agora.

É impossível vivenciar uma situação vinda do Amor se não aceitarmos que o Amor sempre esteve presente nas situações que já vivenciamos, e que somente deixamos de senti-Lo porque não nos lembrávamos Dele. O que muda é o nosso *sentimento* em relação aos fatos que se sucedem, e não os fatos. Estes podem ser vividos da mesma maneira que vivemos no passado.

A diferença é que, com o Perdão, vamos agir de forma transparente e verdadeira. Isso só é possível quando nos volvemos ao nosso Ser e entregamos a Ele as nossas metas, não porque Ele precise, mas porque nós precisamos desfazer o ego antes de vir a realizá-las. Assim, aquilo que escolhemos acontecerá ou virá a nós livre das nuvens de ilusões provocadas pela culpa e pelo medo, permitindo que vivenciemos a alegria das realizações de forma constante, sem percalços nem entraves.

Ao Celebrarmos a alegria de viver sentindo o verdadeiro afeto, no qual não há cobrança de ordem alguma, pois esquecemos, por meio do Perdão, o passado, deixamos de nos preocupar com o futuro para vivermos o presente, conscientes de que tudo o que necessitamos está disponível na Fonte. Saberemos que não precisamos nos dirigir para os relacionamentos buscando suprir nossas necessidades, pois seu único propósito é ensinar sobre a Aceitação, o que nos liberta das amarras do ego.

Estaremos, então, deixando de nos punir pela culpa resultante da ideia de separação para nos sentir merecedores por optar pela união.

A opção em aceitar a unidade que somos permite expressar o afeto vindo da Essência, sem nos preocupar com o possível apego que ele poderia gerar. Portanto, o medo de o antigo amor do ego voltar se desfaz, pois o que oferecemos agora é o Amor verdadeiro, aquele que cria relações sadias e sem dependência, nos quais iremos nos fortalecer juntos, mas de forma independente.

PARTE VI
Novos começos

seg	ter	qua	qui	sex	sáb	dom	seg	ter
1	2	3	4	5	6	7	8	9
10	11	12	13	14	15	16	17	
18	19	20	21	22	23	㉔	㉕	
㉖	㉗	㉘	29	30	31	32	33	

Inúmeras são as situações para as quais escolhemos um novo começo. Despertamos para uma realidade nova onde percebemos o Amor sempre presente, e as vivências passadas que geraram mágoas foram desfeitas pela Aceitação e pela Entrega ao nosso Ser Divino. Agora, escolhemos um novo começo para cada uma delas, sem que nos sintamos obrigados a agir de forma contrária ao que gostaríamos. Assim, sentimos a liberdade vinda da opção pelo Perdão.

O novo começo revela que o Amor já está em nós, e assim deixamos de buscá-Lo em nossos relacionamentos e conquistas. Passamos a senti-Lo verdadeiramente e, dessa forma, podemos ver o Amor que todos são.

Saber e aceitar que não precisamos do Amor do outro, que não precisamos provar o nosso amor, que o outro não precisa nos oferecer Amor para que o sintamos, é libertador. Ter consciência de tudo isso abre a nossa mente para um inquestionável número de possibilidades e faz-nos sentir a alegria vinda desse nobre e digno sentimento. As correntes do aprisionamento que sentíamos por precisar de algo ou de alguém se desfazem, e percebemos a aurora de um novo começo despontando. Agora sim vivenciaremos relações e conquistas com base no Amor que somos.

Ver o positivo e o amoroso em primeiro e único lugar encanta e gratifica. Para tanto, devemos querer intensamente nos sentir assim diante de qualquer pensamento. Nossos pensamentos criam a nossa realidade, e, diante da aceitação, da entrega e da opção pelo Perdão, conseguimos mudar para positivo tudo o que envolve o decorrer da nossa existência.

A constatação de como o Perdão transforma os nossos pensamentos de negativo para positivo é instigante. Conseguimos mudar, por meio da aceitação, da entrega e da opção pelo Perdão, algo que vemos como feio e desagradável para uma nova criação, agora bonita, agradável e de acordo com o nosso conceito de bom e correto.

As mágoas resultantes da fé que depositamos no lado de fora de nós, direcionada aos objetos de desejo, devem ser aceitas e entregues para que o Perdão as desfaça (qualquer coisa que acreditemos ser boa e de valor pode nos ferir, e o fará, não porque tenha esse poder, e sim porque deixaremos de vê-la como uma ilusão). Diante desse "desfazer", vamos novamente nos voltar para o nosso interior e acessar a abundância disponível a todos, vinda da nossa Essência.

É do nosso interior que partem as Criações, e no lado de fora iremos usufruir delas com Amor. É a inversão dessa compreensão que nos faz sofrer para conquistar, resultando em mágoas que impedem os Milagres. Entretanto, sabemos que as mágoas podem e devem ser desfeitas pela aceitação e pela entrega das situações que não foram positivas, abrindo espaço para que a Criação se realize.

Dia 24
O Amor está em nós

Perdoar é meramente lembrar apenas dos pensamentos amorosos que destes no passado e daqueles que te foram dados. Todo o resto tem de ser esquecido. (Um Curso em Milagres)

Tudo o que buscamos é Amor: bons e afetuosos relacionamentos, posses, recursos financeiros, saúde, sucesso. O que queremos com essas buscas é sentir Amor. Ao nos voltar para dentro de nós, descobrimos que o Amor já está conosco, e é por meio Dele que acessamos as nossas escolhas. Ele próprio as conduz até nós, basta que fiquemos realmente voltados a Ele.

A opção por pensamentos positivos e amorosos deve ser constantemente lembrada, pois é por eles que o Interior cria nossa realidade. Devemos estar atentos também aos pensamentos que envolvem outros, qualquer negatividade (mesmo que acreditemos ser justificada) deve ser aceita e entregue para o Perdão desfazer, permitindo a construção de um novo pensamento, agora favorável, com base no Amor.

As buscas por realização, olhando para fora de nós, são motivadas pelo medo. Pode ser medo de ter menos, medo de ficar só, medo de não ser lembrado, enfim, esse sentimento toma inúmeras formas. Na verdade, o medo só existe porque deixamos de acreditar no Amor verdadeiro.

Ao nos aproximar do Amor, o medo fica de prontidão e procura inúmeras formas de provar que é válido ficarmos presos a ele. Inicialmente, na confusão de nossa mente, aceitamos as suas "provações" e tomamos atitudes com base nele.

É difícil compreender que estamos sendo movidos pelo medo e não pelo amor que acreditamos estar sentindo. Vamos entender que foi isso o que aconteceu quando percebermos ter gerado mágoa e afastado Milagres.

Há uma saída para modificar essas ações com base no medo, e ela pede humildade, Fé e confiança no Divino Espírito Santo. Devemos nos voltar a Ele e pedir humildemente que, se for da Vontade Divina, as mágoas que geramos sejam desfeitas. Então, felizes por mais essa oportunidade de sermos agraciados pelos Milagres que pedimos, seguimos realizando o que somos intuídos a realizar.

Intuição

Após vivenciar o aprendizado da linguagem e da abertura da Alma, somos conduzidos pela intuição. Ela não se limita às criações da escrita, da pintura ou de qualquer forma artística que costumamos citar como trabalho intuitivo. A Linguagem da Alma nos intui sobre tudo o que vamos vivenciar, desde os atos simples até os mais complexos.

As decisões que tomamos sobre o que fazer no dia, ou ainda, nos próximos dias, se entregues para a Essência, podem ser postergadas ou realizadas no tempo que escolhemos. Tanto em um caso quanto em outro, porém, as faremos com o Sentimento que emana da Alma. Deixamos de agir como folhas ao vento e passamos a sentir o domínio da Essência sobre o ego, percebendo-nos equilibrados e seguros verdadeiramente.

O equilíbrio e a segurança vivenciados por nós são passados adiante e, dessa forma, estamos transformando também o meio em que vivemos. Agindo constantemente com a orientação vinda da Essência, não mais precisaremos nos preocupar em como auxiliar no processo de evolução, pois isso está acontecendo independente das nossas ações, acontece por meio de nós, e não por nós.

As "batalhas" que acreditamos serem necessárias travar para que nossos propósitos se concretizem são ilusões. O ego nada faz para obter vitórias, ele simplesmente acredita ter feito. A Energia Criadora elabora o contexto que vivenciamos partindo dos nossos sentimentos e do Perdão a eles.

A batalha em nossa mente se encerra quando aceitamos nos voltar constantemente para o Interior para acessar tudo o que está disponível. É do nosso Interior que emana o Amor, o Sentimento Criador.

Por meio da intuição podemos aprender a gostar verdadeiramente de nós mesmos. Aprendemos que somos perfeitos, livres, seguros e íntegros. Diante dessa constatação, iremos, por meio da orientação vinda da Essência, saber como nos Amar.

Quem é a pessoa que somos? Como ela se porta? É uma pessoa que ignora os seus interesses para não "incomodar" os outros? É quem sabe valorizar o Ser que o outro é, e não se esquece de valorizar o Ser que também é? É quem se comporta com naturalidade e transparência? Trata-se de alguém que respeita o outro sem deixar de lado o que é importante para si? É quem sabe que a humildade verdadeira não ignora a beleza, o conforto e o acesso à abundância disponível? É quem deixa transparecer o Ser em vez do ter, mesmo que o ter esteja disponível em quantidade? É alguém que sabe que tudo que existe é criado pela Essência Divina e que, portanto, é somente a Ela que o valor deve ser reportado?

Se a resposta a essas questões for sim, eu sou essa pessoa! Estamos prontos para gostar verdadeiramente de nós mesmos.

Dia 25
Abundância para todos

Tu és a Vontade de Deus. Não aceites nada mais como a tua vontade, ou estarás negando o que tu és. Nega isso e atacarás, acreditando que foste atacado. Mas vê o Amor de Deus em ti e tu o verás em toda a parte, porque ele está em toda a parte. Vê Sua abundância em todos e saberás que estás Nele com eles. Eles são parte de ti, assim como tu és parte de Deus. (Um Curso em Milagres)

O ego tem enorme dificuldade de aceitar que todos tenham a abundância que ele deseja para si. Ele aceita, mas, na verdade, quer ser o primeiro beneficiado. Além disso, ele quer que a abundância para ele seja a maior. Portanto, a partir dele, podemos esquecer a possibilidade de abrangência. Entretanto, ao entregar para o Divino a escolha sincera de que todos a desfrutem, isso irá acontecer, independente do "querer" do ego.

O importante é a aceitação e a entrega dessa escolha. Aos poucos, vamos tomando consciência de que desejamos a abundância a todos indistintamente.

Quando falamos "indistintamente", nos referimos tanto aos que já têm riquezas quanto aos que ainda não as têm. Aprendemos que ser "abundante" é ter à nossa disposição o que necessitamos, incluindo saúde, alegria, amizade, companheirismo e, também, riquezas.

Ao desejar abundância para quem já tem dinheiro, por exemplo, estamos desejando que essa pessoa o utilize de forma a ser feliz com o que tem, passando, então, a ter mais saúde, alegria, amizade e companheirismo.

Ao desejar abundância para quem ainda não tem dinheiro, estamos desejando que essa pessoa passe a aceitar o valor que a moeda tem, sem idolatrá-la, utilizando-a em seu benefício pessoal, sem culpa e sem medo de uma eventual falta. O dinheiro vem da Fonte criadora, como tudo o que é criado, e é nada mais, nada menos, do que um facilitador de trocas. O dinheiro não está acima de Quem tem o poder de criá-lo.

Ao escolher a abundância para todos, ao ser beneficiado com ela, podemos ser generosos para os que ainda não o foram. Faremos isso não por culpa, acreditando que o outro é menos por não conseguir, e sim por Amor. Sabemos que, se estamos sendo agraciados com essa dádiva, o outro também é merecedor, e podemos servir como instrumento, se assim nos sentirmos intuídos a fazê-lo.

Sentimentos, e não palavras ou atos

Estamos habituados com um mundo onde o que vale são as palavras e os atos, e não o sentimento que está por trás disso. Em geral, observamos o que é dito ou feito e queremos acreditar que o que move tal comportamento corresponde ao que é dito ou feito, quando na verdade o que move tal comportamento é a inconsciência do Amor.

Para vivenciar o positivo e o amoroso sempre, devemos ter a certeza absoluta e inquestionável de que é o Amor que move tudo e todos. Não importa a forma que palavras e atos tomem.

É fácil aceitar que o Amor está por trás do que é dito ou feito quando a forma é positiva, mas é por meio da aceitação e entrega de atos e palavras negativas que reforçamos a nossa Fé no que há de bom em cada um.

Costumamos pensar que, por aceitar o outro, apesar de suas atitudes e palavras negativas, estamos diminuindo a nossa autoestima. Na

verdade, estamos nos dando a oportunidade de aceitar a nós mesmos no outro. A verdadeira autoestima não é medida por atitudes de desconsiderar o que outro diz ou faz. Ela advém da aceitação e da entrega das atitudes que nos desagradam, até o momento em que percebemos que aceitar o outro, apesar de seu comportamento, é um valoroso e sublime ato de Amor incondicional e que, por meio dele, percebemos amando-nos incondicionalmente. Diante disso, a nossa autoestima passa a existir verdadeiramente.

Ver o positivo e o amoroso, mesmo que a embalagem que o traz esteja danificada e não reflita a beleza do que está no seu interior, é o verdadeiro ato de Fé. Tudo fica mais fácil quando, um dia, percebemos esse interior cheio de encanto. No entanto, para ver esse Amor em tudo e em todos, e inclusive no interior de alguém que passou a nos tratar com amargura, é necessário exercitar constantemente a Fé.

A Fé move montanhas, e o faz de forma a trazer para junto de nós somente o bonito e o agradável, mas não exclui o feio e desagradável. Ela nos faz ver que a falta de beleza está na nossa maneira de olhar, contrária ao Amor.

Dia 26
A convivência

Tu não tens ideia da tremenda libertação e da profunda paz que decorre de te encontrares contigo mesmo e com os teus irmãos, numa base de total ausência de julgamento. Quando reconheceres o que és e o que são os teus irmãos, compreenderás que nenhuma forma de julgamento tem significado. (Um Curso em Milagres)

O ego prefere a distância e a ilusão da convivência. Assim, a possibilidade de o bonito e o bom estarem em primeiro lugar é maior, deixando de lado o convívio com base no Amor. Isso acontece porque o ego teme o verdadeiro Amor, evitando o convívio para não torná-Lo real, pois sabe que o Amor desfaz o medo.

É necessário desfazer o medo e a culpa por meio da aceitação, da entrega e da opção pelo Perdão para, então, a ilusão de separação deixar de existir, permitindo a união por meio da Essência.

Quando uma relação com base no Amor verdadeiro surge em nossa existência, como uma alma gêmea, o ego constrói inúmeras barreiras para impedir o convívio. Inicialmente, ele se utiliza da culpa vinda da ideia errônea de separação, na qual não percebemos o valor da relação, e a vemos apenas como um relacionamento com forte atração. Como só conhecemos a atração pela culpa, olhamos para ela com esse sentimento, podendo deixar de conviver ou conviver apenas esporadicamente. Quando uma das partes percebe a intensidade e o verdadeiro valor da relação e a outra não tem a mesma percepção, o medo cria um

distanciamento, utilizando-se de muitas das suas artimanhas vindas do grupo social, impedindo a união.

A união com base no Amor deveria ser algo simples de existir, mas, como na nossa existência o Amor verdadeiro é, muitas vezes, cheio de preconceitos, a simplicidade fica escondida atrás deles.

Para conseguir trazer à tona o Amor que estamos sentindo, vamos ter de nos desfazer dos inúmeros preconceitos que protegem o amor com base no apego, que é superficial e finito.

Uma relação com base no Amor verdadeiro é livre. Não precisamos do outro e sabemos que o outro também estará bem sem a nossa presença. Isso não significa descaso pelo sentimento que nos une, significa, sim, respeito à individualidade de cada um. Esse respeito inclui também a união física, em que será exercitado o convívio com base na liberdade e na aceitação.

Há muitos relacionamentos que parecem respeitar a liberdade do outro e que, porém, trata-se apenas de desinteresse. A união por meio do Amor verdadeiro permite um crescente processo evolutivo, que estende-se a todos do convívio. Nela, não há descaso e afastamentos por falta de afeto. Há um real interesse pelo outro, que vem da ligação espiritual existente e que não está baseado em necessidades.

Devemos nos bastar, ser livres e liberar o outro, no entanto, não é necessário viver só. O processo de aceitação do outro é a base para a nossa própria aceitação, e como passaríamos por tal processo sem o convívio?

Aceitar-nos sem aceitar conviver com o outro é enganoso. Podemos fingir que estamos nos amando e nos aceitando, mas será uma atitude superficial e aparente.

Ao vivenciar uma relação em que há uma afinidade que não se igualou a nenhuma outra, devemos aprender a nos desapegar, nos bastar, para, então, dar espaço para uma convivência sadia e enriquecedora. Se para tanto for necessário um período – que pode ser meses ou anos – de afastamento, devemos ser gratos a esse precioso tempo de

aprendizado. Podemos ter certeza de que vale a pena cada segundo de introspecção e trabalho de Perdão, que, no momento em que estivermos prontos, permitirão a desejada convivência.

A entrega dessa escolha ao Divino é que permitirá a evolução que nos deixará livres. O ego, por meio da razão, não aceitará o afastamento, impedindo, assim, o nosso crescimento e evolução.

Tudo o que empreendermos com o apoio da Essência fluirá, permitindo que, durante o andar, percebamos o sentido de tudo o que acontece. Esse entendimento permitirá que sejamos gentis e amorosos com tudo e com todos. Diante desse comportamento, com base no Amor pela consciência da unidade que somos, seremos, também, tratados com gentileza e com amor.

Dia 27
A aceitação da nossa função Divina

A salvação é a minha única função aqui. A salvação e o perdão são a mesma coisa. (Um Curso em Milagres)

Inicialmente, é necessário aceitar a condução Divina e, por meio Dela, evoluir, indo ao encontro do Amor, da paz e de tudo o que resulta do reencontro com o Ser.

Essa volta ao Lar acolhedor e amoroso nos permite abrir espaço para exercitar a nossa função verdadeira. Aprendemos a Perdoar e estamos constantemente voltados a esse nobre ato. Agora, sentimos que é também nossa a responsabilidade de passar adiante esse aprendizado.

Sabemos que a Sabedoria continua a nos conduzir, mas a aceitação da nossa função é de vital importância para que o propósito se realize.

Vivemos em um mundo onde a fome por Amor está disfarçada de necessidades de inúmeras ordens, incluindo a fome por alimento do corpo. A carência de Amor está presente em todos os que ainda não se voltaram para a Essência nem descobriram o Ser maravilhoso que são. É a partir da aceitação da existência da Alma, aqui, nesse e em todos os instantes, que preencheremos o vazio dolorido do nosso estômago. É certo que a sensação parecida com fome não se trata de falta de alimento. Se assim fosse, não seria difícil acabar com ela. É preciso entender que o alimento de que necessitamos é apenas "lembrar" quem somos verdadeiramente. Espíritos divinos habitando um corpo é algo simples de ouvir, mas extremamente complicado de interiorizar em função da grossa camada protetora do ego. Ultrapassar essa

parede exige persistência, fé e confiança no Divino, a nossa conexão com Deus.

Sentir o que estamos sentindo

Diante do aprendizado pelo qual entendemos que não somos o que de negativo pensamos sobre nós mesmos, passamos a crer que não devemos sentir os sentimentos na forma que fomos ensinados sobre amor.

Infelizmente, aprendemos sobre apego, e não sobre Amor verdadeiro. No apego, devemos agir sem contrariar o ego e "engolir" a raiva e a mágoa. Diante do verdadeiro Amor, porém, devemos expressá-las, liberando o que estamos sentindo para, em seguida, constatar que, mesmo assim, nos amamos e somos amados. Não é negando o que experimentamos que vamos nos libertar desses sentimentos, é aceitando-os e amando-nos, apesar deles. Assim, eles se vão.

Ser verdadeiros e transparentes, aceitando as nossas reações como parte da nossa forma humana, é extremamente importante para não nos tornarmos "falsos" profetas da paz. A entrega do julgamento dessas reações ao nosso Ser permitirá sentir o perdão que nos trará a paz novamente.

Mascarar os sentimentos de mágoa e de raiva nos torna superficiais. Senti-los e expressá-los (de preferência quando estamos sozinhos) gritando, socando uma almofada, chutando cadeiras, abrindo espaço para manifestar nossa insatisfação com situações que não estamos conseguindo superar, permite que nos sintamos reais e que aceitemos a incapacidade do ego de resolvê-las.

Ser totalmente humanos, após ter aprendido sobre o Amor que somos, é vital para o nosso andar aqui. Se não nos permitirmos sentir e falar o que estamos sentindo, vamos viver limitados à imagem devotada de santidade que aprendemos nos cultos religiosos. Somos parte da santidade Divina e podemos ser tudo o que escolhermos, exatamente

por isso. O culto à santidade religiosa nos remete à culpa e ao medo, mas estamos vivenciando um aprendizado no qual a culpa e o medo são apresentados como ilusões e devem ser desfeitos.

Esse bloqueio criado pela limitação da culpa e do medo é difícil de ser identificado. Entretanto, ao perceber que determinadas situações que queremos vivenciar não estão acontecendo, devemos questionar e buscar entender onde está a falta de perdão que as bloqueia.

Ao identificá-la, devemos aceitar que podemos nos perdoar e nos amar, permitindo-nos vivenciar a situação, agora com a compreensão segura de que o Amor está junto dela.

Podemos pensar que, ao nos perdoarmos, ficaremos em um "plano mental diferente". É verdade que, com a Essência, a nossa mente se libera dos conflitos do ego, ficando bem tranquila e presente. Assim, realizaremos os nossos desejos terrenos interagindo com todos com igualdade. A mudança que fizemos foi no sentido de deixar de nos punir e aceitar tudo de bom que a vida nos presenteia, incluindo as escolhas que fizemos.

Ao buscar o perdão, o fazemos para nos sentir iguais, e isso a ausência de culpa permite. O que não faz sentido é, ao nos sentir perdoados, procurarmos ser diferentes. Continuaríamos com a mesma dificuldade de quando iniciamos o processo de busca pelo perdão.

Conviver e interagir com nossos semelhantes sempre foi um desafio. No entanto, com o perdão a convivência se torna fácil e agradável, pois nos vemos de forma positiva no espelho que o outro reflete.

O meu principal propósito na busca pelo perdão foi sentir-me igual, nem mais, nem menos que o outro, evitando sentimentos de inadequação ou de superioridade. Hoje, percebo que isso não significa me igualar materialmente ao que tem mais, nem ao que tem menos, significa, sim, manter presente a igualdade em Essência que somos.

A opção pelo perdão é pessoal e, embora escolhamos que todos vivenciem uma vida abundante e feliz, não podemos fazer isso por eles. Podemos e devemos mostrar o caminho que estamos seguindo, para

que quem quiser também possa percorrê-lo. Qualquer ajuda que possamos oferecer materialmente significa pouco se comparado ao relato do nosso andar. As ajudas materiais demonstram a nossa generosidade e a certeza da abundância disponível, mesmo que, no momento em que ela esteja sendo solicitada, ainda não dispusermos do recurso a ser doado. A confiança na força Divina nos dá a certeza de que teremos, tanto para a doação quanto para as nossas necessidades e escolhas.

Sentir o que estamos sentindo permite vivenciar a liberdade e a alegria de estar aqui. Se o que sentimos contraria a ideia de alegria, após aceitar expressar nosso descontentamento, nos liberaremos para a alegria resultante da realização.

Sabemos, também, que a gratidão é um poderoso sentimento para atrair o que escolhemos, mas não podemos fingi-la. Antes de expressá-la, devemos estar cientes do Amor que somos. Assim, ser gratos antecipadamente é natural e verdadeiro, já que tudo o que buscamos é Amor. Ao estarmos conscientes de que ele já está em nós, nos sentimos agradecidos e alegres constantemente.

A base de tudo é o perdão. Com a atitude contínua de aceitar, de entregar e de optar pelo perdão, os julgamentos resultantes da culpa e do medo se desfazem e permitem que expressemos tudo o que escolhermos expressar. Seremos autênticos e verdadeiros sempre. Dessa forma, nos sentiremos felizes e poderemos fazer outras pessoas felizes. O certo e errado que tanto trouxe conflitos para nossa mente deixará de existir. Só há uma mente, a mente Divina, e, por meio dela, compreenderemos o que nos deixa plenos e deixaremos de julgar a forma pela qual o outro busca a sua plenitude.

Portanto, o certo ou o errado, quando aceitos e entregues ao Divino a fim de nos liberar do julgamento por meio do perdão, deixam de ser considerados como tais. Simplesmente vivenciaremos a nossa escolha com base no Amor. O conceito de certo ou errado é do ego, e, para a mente Divina, ele não existe. Para ela, tudo é Amor. Apenas precisamos entregar a ela, para que ela possa "organizar" o contexto para que possamos usufruir de nossas escolhas sem criar conflitos.

Dia 28
Vivenciando o momento presente com plenitude

"Tenha a profunda consciência de que o momento presente é tudo o que você tem. Faça do Agora o foco principal de sua vida. Se antes você se fixava no tempo e fazia rápidas visitas ao Agora, inverta essa lógica, fixando-se no Agora e fazendo rápidas visitas ao passado e ao futuro quando precisar lidar com aspectos práticos de sua vida. Diga sempre "sim" ao momento atual. (Eckhart Tolle)

Muito tenho falado sobre escolhas, sobre como entregá-las, confiantes de que poderemos vivenciá-las. Escrevo isso porque estou certa de que todos nós temos desejos, e de que desistir deles para vivenciar qualquer situação diferente da escolha não parece ser uma forma de nos sentir realizados. Essa explanação de sermos abertos ao que o Universo nos oferece é válida e inclui, também, a realização dos nossos desejos. Se não fosse dessa forma, o Perdão seria desnecessário. Viveríamos qualquer situação que se apresentasse e nos sentiríamos contentes com ela.

O aprendizado da Linguagem da Alma serve justamente para que direcionemos a busca pelo Perdão para nos sentir livres para usufruir das escolhas que fizemos. Sem dúvida, ficar presos a elas não é uma forma de trazê-las para junto de nós. Liberá-las, sim.

É certo que, ao entregar e nos sentir perdoados, nossa escolha, então, deixa de ter a nuvem da culpa, livrando-nos dos sentimentos que impediam a sua realização. O momento em que a realizaremos,

não sabemos. Enquanto isso, vivemos o presente, sentindo-nos plenos com o que já está acontecendo conosco e ao nosso redor.

A liberdade vinda do perdão também nos permite fazer novas escolhas. Isso não significa negar as que ainda não estão se realizando, pelo contrário, reforçaremos o entendimento de que não é com a culpa que queremos conviver. Ficarmos pendentes do que está para acontecer é uma forma de manter a culpa e o medo em nós.

Após perceber que as nossas escolhas não são mais importantes do que o Amor que já está em nós, poderemos iniciar ou dar andamento a uma atividade com base no aprendizado que estamos obtendo e vivenciar novos relacionamentos. Vamos preencher o momento presente com situações possíveis aqui e agora, não por falta de plenitude, e sim porque estamos prontos para passar adiante o Amor que sentimos e somos.

A conexão com o Ser traz a plenitude para o momento presente. Vivemos com base no coletivo, e se não nos conectarmos com a nossa Essência, somos "levados" pelo que o coletivo escolhe. Assim, nunca conseguiremos ser autênticos, pois não teremos ciência do que realmente desejamos realizar. Então, como não saberemos, ficaremos insatisfeitos e tristes, nos sentindo obrigados a vivenciar escolhas que, na maioria, não são nossas.

Portanto, é nos voltando para o nosso Interior que vivenciaremos as escolhas que nos fazem felizes. A nossa mente, por meio da razão, desconhece o que nos deixa plenos. No entanto, a Essência, que é pura Sabedoria, conhece e nos conduz de forma a vivenciar o dia a dia sentindo a verdadeira e contagiante alegria do Ser.

Prece para a conexão

Reserve 20 minutos pela manhã e 20 minutos à noite. Você pode usar o relógio para conferir o tempo, se achar necessário. Sente-se

confortavelmente, em um lugar onde não será incomodado. Recite mentalmente a seguinte frase:

EU ACEITO, ENTREGO (sentir o interior do corpo) E OPTO PELO PERDÃO.

Assim que terminar a frase, volte o pensamento para o interior do seu peito. Em seguida, dê espaço em sua mente para os pensamentos costumeiros. Deixe os pensamentos virem, não importam quais sejam, pois eles nada significam para a Essência. Vá repetindo o processo de intercalar a frase com a introspecção e a liberação dos pensamentos durante 20 minutos, ou mais, se preferir.

A abundância existe e sempre existirá. Da profundidade existente em nosso interior podemos construir a nossa realidade.

Devemos mergulhar na parte escura de nossa mente, tomar consciência e Perdoar atitudes com base na culpa que impedem a construção de uma realidade com a abundância vinda do Amor.

Após começar o processo de aceitação e de entrega, podemos aprender a fazer uma meditação simples. São mais dois espaços de 20 minutos, pela manhã e à noite.

Sentado confortavelmente, esvazie a mente. Esteja atento à sua respiração, procurando elevá-la com pensamentos voltados ao Amor. Aceite os pensamentos que tentarem interferir, sem irritar-se, voltando-se para a respiração e para o pensamento ligado à elevação. Você perceberá que a mente irá se afastar e encontrar um lugar que parece vazio, mas que nos deixa plenos.

Nesse espaço que conseguiremos entrar, estarão as nossas realizações sendo criadas. Devemos ficar ali até sentirmos que estamos retornando com a paz junto de nós.

PARTE VII
Relacionamentos com base no Amor

seg	ter	qua	qui	sex	sáb	dom	seg	ter
1	2	3	4	5	6	7	8	9
10	11	12	13	14	15	16	17
18	19	20	21	22	23	24	25
26	27	28	(29)	(30)	(31)	(32)	(33)

Passamos a amar não quando encontramos uma pessoa perfeita, mas quando aprendemos a ver perfeitamente uma pessoa imperfeita. (San Keen)

Durante os últimos anos, procurei ver o que eu devia aceitar e entregar, optando pelo perdão em relação às pessoas com quem convivia.

Hoje percebo que, em vez de ver o negativo, devo encontrar o positivo e o amoroso que há em cada um dos que convivo. Devo procurar e ver o que cada relacionamento está me oferecendo. Se anteriormente eu via algo a ser curado ou perdoado em mim, agora passo a ver a perfeição que cada um é, e, nessa perfeição do outro, eu vejo a minha.

Encontrar pontos favoráveis no outro, ver somente o que há de bom e ser sincero a esse respeito é possível quando aceitamos o Ser que somos.

A nossa mente que enxergava o errado e o negativo o fazia porque se considerava errada. O erro que ela acreditava ter cometido foi a chamada separação (que nunca aconteceu, mas, como se sentia separada de Deus – o positivo –, assim viva os relacionamentos).

Com a aceitação da unidade, esse erro se desfaz e nos permite ver o certo e o positivo, tanto no outro quanto em nós mesmos.

As relações com base no Amor nada mais são do que uma inversão da nossa forma de olhar e de perceber o outro. É emocionante e gratificante observar esse movimento acontecendo dentro de nós. Notamos que víamos tudo de cabeça para baixo, ou, como diz o *Um Curso em Milagres*, pelo lado complicado e sem solução, que na realidade inexiste.

Essa inversão nos faz ver que nunca foi necessário Perdoar, porque, afinal, todos somos perfeitos. O que falta é deixar de julgar.

Rever o nosso conceito de relacionamento, sentindo o real valor nele existente, nos permite entender que o Amor incondicional não é deixar de ver o negativo, é, sim, saber que somente o positivo existe.

Durante o tempo em que observei meus relacionamentos procurando aceitar o que não gostava, eu entendia que poderia amar *apesar* de o outro ser daquela forma. Isso fica totalmente sem sentindo quando passamos a Amar verdadeiramente, pois sabemos que amamos o outro pelo que ele é, e não *apesar* disso ou daquilo. Da mesma forma, nos amamos pelo que somos, não *apesar* do que somos.

Ao mudar a maneira de ver tudo, todos e, também, nós mesmos, deixamos o medo e culpa serem desfeitas. Assim, chega a hora de colocar em prática as atitudes que permitirão criar a realidade que escolhemos.

Se temíamos não ser aceitos e amados, e, para isso, desconsiderávamos o que realmente desejávamos tentando não conflitar com o ego, agora que o desfazemos, podemos voltar a considerar como importante e de valor os nossos desejos, aqueles que entregamos para a Essência para que ela julgasse para nós. Eles ficaram suspensos enquanto aprendíamos a nos Amar e, no momento em que nos percebemos Amando-nos, irão se realizar.

O Amor que descobrimos ser é, sem dúvida, o que realmente importa. Estamos vivendo uma experiência em que realizações devem acontecer. Deixamos a ansiedade e a raiva para trás, e aprendemos que eram uma ilusões provocadas pela culpa e pelo medo. Como foram desfeitas, podemos, então, voltar a vivenciar as situações que provocavam esses sentimentos, sem que, daqui para frente, façam parte de nós.

A desistência em realizar se deu para perdoar e chegar à paz. Com a aceitação da Força que temos e de que somos produtos do Amor, vamos realizar sendo essa força, sentindo-nos seguros e guiados por Quem nos religou à Fonte.

Somos perfeitos filhos de Deus, seguros, curados e íntegros, e temos a Força que o Criador tem. Ela, porém, só é liberada quando nos perdoamos e aceitamos a nossa filiação.

Dia 29
Para tudo há solução

Eu não preciso esperar para que isso seja resolvido. A resposta para esse problema já me foi dada, se eu a aceitar. O tempo não pode separar esse problema da sua solução. (Um Curso em Milagres)

Um dos mais importantes aprendizados que obtive com o estudo do *Um Curso em Milagres* foi a compreensão de que para tudo há solução e de que tudo é possível. Lembro-me de como era desesperadora a falta de tal aceitação. A beleza dessa explanação é que ela não se trata de algo que serve apenas para nos acalmar, e sim do entendimento do real alcance que temos ao aceitar a nossa filiação Divina.

Recentemente, um colega que iniciou os mesmos estudos que fiz, disse: "como é fácil, percebo que há solução para tudo, até para a morte, pois, agora, compreendo que ela não existe". É confortador ter esse entendimento. Com ele, nos libertamos e superamos os nossos limites.

A consciência do Ser espiritual que somos, de que tudo o que existe é resultante da energia do Amor e de que podemos nos sentir perdoados e vivenciar cada instante de forma plena, sem ficar presos a mágoas passadas ou possíveis dificuldades futuras pois para todas há solução, abre um espaço fabuloso para a felicidade entrar e transformar o nosso dia a dia.

Essa aceitação vai muito além de uma fé conformista, pois podemos sentir a mudança acontecendo. Inicialmente, na nossa maneira de pensar, depois, ao entendermos que, se algo não está acontecendo,

é porque estamos negando aquela situação a nós mesmos por não assumir que somos responsáveis por obter o resultado positivo que desejamos. Assim, não culpamos nem a nós nem aos outros quando as dificuldades se apresentam. É hábito observar os inúmeros fatos que impedem as concretizações, e deixamos de observar os fatos positivos que irão permitir que tenhamos o que desejamos no momento adequado, isto é, quando estivermos prontos para usufruir de forma plena.

Quando aceitamos realizar os nossos propósitos por meio do Amor, significa que não mais queremos que venham a nós de qualquer forma, sem que saibamos receber. Essa maneira de realizar, com a qual já convivemos, traz desgaste e sofrimento durante o andar e, ao receber, não conseguimos usufruir com plenitude.

Daí a importância de viver o presente sentindo que ele é, realmente, um PRESENTE, com alegria e paz. Sabemos que a ajuda Divina está conosco e conduz a nossa caminhada para o êxito que almejamos, providenciando tudo o que é necessário para que esse andar seja tranquilo, seguro e digno.

Quando surgirem situações que não vemos possibilidade de serem solucionadas, devemos estar cientes de que os problemas já foram resolvidos. Apenas precisamos reconhecer isso aceitando a situação tal como a vemos, utilizando-nos do maravilhoso recurso oferecido pela Divindade: a Fé depositada na Força do Amor.

Dia 30
A cura da depressão

Felicidade é a vontade de escolher a verdade em vez de permanecer em uma história. O presente que você recebe ao enfrentar a infelicidade é a chance de ser mais feliz. (Robert Holden)

Ao recomeçar a viver, vamos perceber que curar a depressão é fundamental para que realmente nos sintamos vivendo a vida.

Quando falo em depressão, não me refiro apenas aos que têm um comportamento sem vontade e quieto. Refiro-me também àqueles que costumam ser briguentos e negativos. Para uma pessoa deprimida, tudo é difícil, e o mundo é um lugar que está sempre pronto a tirar algo. Pessoas assim nunca sabem o que realmente querem, e se irritam quando nós também não sabemos. Eu poderia ficar horas relatando comportamentos depressivos, mas, como não é com ele que queremos conviver, não há porque detalhá-lo. O que importa é que optamos por nos curar desse mal que acomete grande número de pessoas. Na verdade, quando iniciamos um processo de autoconhecimento, a cura da depressão é inevitável, pois ela nada mais é do que o desconhecimento do Ser que somos. Ignoramos o nosso espírito e, por esse motivo, não encontramos a Ajuda necessária para sentir a força que temos internamente. É por meio da força interna que encontramos a energia necessária para superar o comportamento depressivo. A ajuda externa, desde que não mascare o problema, é bem-vinda. Quando nos volvemos ao interior, entregando o nosso desejo sincero em viver curados,

vamos receber apoio Divino para a cura acontecer e a ajuda virá também do nosso exterior, possivelmente de pessoas do nosso convívio. Exercitaremos o Perdão, e elas nos encaminharão a outras que têm o que necessitamos, tanto para mudar a nossa maneira de pensar quanto para nos trazer o que de material estamos buscando.

Prece: Divino espírito Santo, agradeço a cura da depressão e escolho, também, por meio da unidade que somos, expandir a cura a todos com quem me relaciono e com quem virei a me relacionar. Sei, Ajuda Divina, o quanto a falta de conhecimento e de aceitação do Espírito de Amor que somos nos leva ao sofrimento e ao desânimo. Peço, humildemente, que eu seja um instrumento para curar. Amém.

Passamos a nos perceber sem a depressão quando nada mais nos parece tão difícil, quando paramos de tropeçar nas pedrinhas que estão no caminho, quando percebemos que somos inteiros, que não estamos sozinhos, mesmo sem estar na companhia de alguém. Quando entendemos, finalmente, que tristeza não traz o que desejamos, e que é sendo alegres, generosos e sinceramente agradecidos, independente se é muito ou pouco o que estamos recebendo, viremos a ter o que escolhemos.

Dia 31
Atividades profissionais

Como a resistência é inseparável da mente, o abandono da resistência – a entrega – é o fim da atuação dominadora da mente, do impostor fingindo ser "você", o falso deus. Todo o julgamento e toda a negatividade se dissolvem. (Eckhart Tolle)

A atividade profissional é um jogo voltado à evolução e à expansão. Quando aprendemos as regras da aceitação, da entrega e da opção pelo perdão, ela se desenrola de forma fluída, tranquila e segura. Os nossos sentimentos são traduzidos em resultados, e não existe nada além deles. Nada pode interferir no resultado que desejamos se mantivermos a certeza inquestionável do apoio Divino na condução para a sua realização. Com a Força que há em nós e que nos é dada por meio do perdão (obtido com a aceitação e a entrega dos fatos), toda a negatividade é desfeita, recriando o positivo que almejamos.

Quando iniciei o aprendizado da Linguagem da Alma, minha ideia principal era trabalhar em paz e com resultados. Percebi, então, a importância da entrega dos fatos que geram tensão, irritação e mágoa. Na medida em que, em vez da costumeira atitude de manter pensamentos e palavras que reforçavam os sentimentos negativos, passei a entregar o fato para que a Essência o julgasse, iniciei um processo de evolução espiritual e de crescimento pessoal.

Percebi, aos poucos, que as situações positivas se sucediam com frequência cada vez maior. Como eu ainda não havia me perdoado, isto é, eu não havia aceitado plenamente a filiação Divina, fiquei

assustada e dei espaço para a culpa entrar, e, com ela, o medo também retornou. Com essas presenças negativas, as situações positivas se reduziram. No entanto, o apoio Divino não se afastou. Com a minha constante introspecção, Ele permaneceu me protegendo e orientando ações que me permitissem o desfazer tanto da culpa quanto do medo. Aos poucos, refiz relacionamentos, quitei dívidas, aprendi a ter limites e a dar limites, percebi a presença do amor em tudo e em todos e passei a me amar verdadeira e incondicionalmente.

Sinto que agora somente o positivo faz parte do meu andar. Portanto, é por meio dele que desenvolvo minhas atividades, voltando a vivenciar o que vivi inicialmente. Sinto que as situações desejadas estão acontecendo continuamente, sem retrocesso. Entendi, de maneira contundente, que não devo ficar preocupada com o que acontece ao meu redor. Devo, sim, me manter segura do resultado escolhido, entendendo que é no meu interior que o processo está se desenrolando. O que acontece fora deve ser aceito e entregue sempre, impedindo, assim, a entrada do desamor e de sentimentos contrários à realização.

Sempre me incomodou o fato de me sentir explorada ou de explorar os outros. Ao colocar em prática o entendimento que tive sobre trabalhar e me relacionar com dignidade, percebi que a falta de Perdão em relação ao assunto "exploração" dificultou grandemente o andar de minhas atividades.

Tentei não explorar as pessoas que trabalhavam comigo, procurando oferecer igualdade. Essa oferta trouxe muitos benefícios, não só para o andar da atividade como para a elevação da autoestima do grupo de trabalhadores. Ao mesmo tempo, percebi que aqueles que melhor desenvolviam a atividade se ressentiam com a postura de igualdade oferecida pelo escritório, acreditando que o outro estava se utilizando dessa igualdade sem fazer a sua parte. A leitura que fiz foi que, como somos uma unidade, espíritos em primeiro lugar, aqueles que tinham mais desenvoltura obtinham um excelente retorno, e aqueles que não a tinham, pela aceitação de que estavam recebendo com a igualdade, colaboravam para o bom resultado geral.

Mesmo que esse aprendizado tenha mostrado o Valor da igualdade, o fato de criticar quem não estava tendo a mesma postura travou o andar dessa mesma igualdade.

Busquei entender o que se passava e onde a engrenagem estava travada, percebendo que o não julgamento é extremamente importante para que a nossa postura de igualdade não seja abalada. A verdadeira e única igualdade existente vem da nossa Essência, e nela devemos entender que somos colaboradores uns dos outros, não importando em que situação. A ideia de exploração é do ego, e é tão confusa que nunca sabemos exatamente quem está explorando quem. Se fôssemos enumerar as situações em que nos percebemos explorados e quando nos sentimos explorando, entenderíamos que estaríamos tanto em um caso quanto no outro. Assim, podemos deixar esse conflito de lado, ao optarmos por entender que ele é do ego e que, portanto, não faz parte do que somos realmente.

Devemos compreender que nosso propósito aqui é COLABORAR para que o processo de evolução e de expansão se realize. E como faremos isso? Aceitando, entregando e optando pelo Perdão nas situações que observarmos exploração. Quem pode nos oferecer a visão da igualdade é o nosso Ser, e é por meio dele que vivenciaremos a contínua e segura certeza de sermos iguais, nem mais, nem menos do que o outro, simplesmente iguais!

Dessa forma, vamos perceber que "justiça como Deus a conhece, ninguém pode perder, o que é injusto para qualquer um não poderá ocorrer".Um Curso em Milagres.

Ao utilizar da palavra Colaborar em vez da palavra explorar, modificamos a estrutura do andar de nossas atividades. Atuamos, então, com a energia vinda do Amor que está no nosso interior, desfazendo as ilusões, vindas do exterior. No lado de fora, estarão as criações que integram nossa existência digna, abundante e próspera.

O desfazer das criações negativas

O outro reflete as nossas preocupações, a nossa mágoa criada pelo ciúme, pela inveja e por outros sentimentos decorrentes da falta de perdão, o que fica visível quando estamos conscientes da unidade. Todos os contatos que fizemos nos devolvem o que está se passando negativamente conosco. Em geral, desconhecemos os nossos reais sentimentos, que costumam ficar encobertos por um falso bem-estar ou por um estado de desligamento devido ao uso de medicamentos que os mascaram. Assim, apenas percebemos que não estamos conseguindo dar andamento ao que nos propomos.

Esse estado de estagnação pode durar algum tempo, ou até a existência toda. Embora tentemos exaustivamente sair dele, às vezes conseguimos apenas aumentar o nível de estresse, vindo a prejudicar a saúde e a dificultar relacionamentos e o andar das atividades.

Então, como vamos sair desse aparente "beco sem saída"?

Quando assumimos a nossa responsabilidade de criar esses sentimentos, iremos ao encontro também da possibilidade de desfazê-los. A negatividade é nossa, nunca é o outro que a cria em nós. Ele a reflete como um espelho. Queremos o nosso próprio bem e o bem daqueles que amamos, e é evidente que a nossa preocupação, ciúme e, até mesmo, inveja, resulta do apego gerado pela posse do relacionamento ou do bem, e não do sentimento de Amor verdadeiro. Ao tomar consciência de que escolhemos nos curar dos sentimentos negativos, a saída estará na entrega deles para o nosso Ser, optando sempre pelo Perdão divino que os desfará.

Toda essa negatividade nada mais é do que uma nuvem de ilusão. Se formos sinceros e nos responsabilizarmos pela sua criação, ao entregá-la, ela será desfeita.

Com o desfazer dessas ilusões negativas, abriremos espaço para as criações com base no Amor, livres de sentimentos bloqueadores.

Embora seja difícil olhar para a negatividade presente em nós, se as perdoarmos, seremos enormemente recompensados. Se não Perdoá-las, seguiremos vivendo de forma um tanto artificial, sem a profundidade necessária para que as raízes da nova existência, com base no Amor, possam nos nutrir.

SER E TER

Ao buscar o autoconhecimento, entendi que deveria me preocupar em Ser, deixando que o "ter" fosse consequência dessa aceitação. Agora, após um longo período voltada ao Ser, percebo que devo desejar novamente ter o que escolhi para que se concretize. O Ser espiritual me auxiliará nessa realização por meio da intuição, uma vez que passei a entregar a ele o desenrolar do dia a dia.

Costumamos ficar voltados à grandiosidade, como ensinam os mestres de *do livro "O Segredo"*, e entendi que tal pensamento pode impedir que realizemos as atividades voltadas ao sustento imediato, deixando-nos afastados do momento presente, aguardando a chegada da riqueza. Por essa razão, inicialmente rejeitei a ideia de "pensar grande" e percebi que isso, também, gerou dificuldades no andar das realizações.

Como devemos pensar para que tenhamos um presente abundante? Pensar grande ou aceitar a pequena oferta de hoje?

A última colocação parece ser a mais confiável e segura, e é assim que vive grande percentual de pessoas. No entanto, isso nos deixará plenos?

Posso dizer que, quando nos Perdoamos, nos sentimos plenos sem qualquer realização ou oferta. A dificuldade em realizar ou em obter algo se deve à falta de Perdão, ou seja, a não aceitação de ser merecedor. Portanto, estar voltados à grandiosidade quando ainda não nos sentimos Perdoados, parte do Todo e naturalmente merecedores impede a chegada à abundância. A questão em não obter o necessário

para a sobrevivência está ligada ao fato de acreditar ser merecedor de pouco e desejar muito. Dessa forma, o pouco também não se apresenta, já que a mente não mais o busca.

É possível que passemos por um período em que isso acontecerá, mesmo nos sentindo Perdoados. Então, a aceitação e a entrega das necessidades facilitarão a passagem por esse período, pois o Amor estará presente para nos auxiliar, trazendo o que realmente precisamos. Podemos e devemos ficar seguros disso, porque estamos em um processo de evolução espiritual que deve se anteceder à evolução material, e o nosso Ser espiritual não permite que nada venha a prejudicar esse andar. Sempre nos é dado aquilo de que precisamos. A abundância e a riqueza chegam quando menos estivermos esperando por elas.

Dessa forma, vamos aceitar a pequena oferta que estamos recebendo hoje e ser verdadeiramente gratos por ela. O "pensar grande" está entregue, e não é necessário ficar constantemente voltados a ele, pois nosso espírito estará cuidando disso para nós.

O Ser nos ensina que, para ter, devemos nos Amar verdadeiramente, o que é muito diferente do que conhecemos por amor. Amor verdadeiro não leva em consideração as artimanhas do ego. Portanto, se projetarmos algo, será feito tudo o que for necessário para que isso se realize. Somos responsáveis pela escolha, e o andar até ela é feito por meio do Espírito, que é Amor. Esse Sentimento é forte, seguro, transparente e digno, e nos leva a nos sentir e agir dessa forma. Às vezes, é difícil tomar as atitudes que nos sentimos orientados a tomar. Não queremos nos sentir magoando nem magoados, contudo, se aprendermos as regras da aceitação e da entrega, a mágoa não se fará presente. A ausência de mágoa se deve ao fato de a atitude ter como base o Amor verdadeiro, embora a nossa atitude não pareça ter amor porque é intensa sem as artimanhas do ego que adora rodeios, a força vem do Amor, pois fomos orientados pelo Espírito. A atitude, portanto, é firme, sem o jogo da culpa presente.

O Verdadeiro Amor é o que o próprio nome diz: **verdadeiro**.

Ele não toma atitudes diferentes daquelas que a pessoa está sentindo. Mesmo que tais atitudes pareçam não conter Amor, ainda assim, elas partem do nosso interior, refletindo fora o que, de fato, estamos sentindo.

É expressando verdadeiramente o que queremos e o que sentimos, depois de ter aceitado e entregue para ser Perdoado, que conseguiremos seguir adiante com os nossos propósitos.

Percebo que o Ser espiritual não julga as nossas escolhas. Ele está sempre nos ajudando a conquistar, mas alerta que, se quisermos a paz necessária para usufruir dessas conquistas, devemos aprender a nos Perdoar e a sentir internamente o merecimento delas.

Em minha experiência, eu conquistei o que escolhera, mas a base para tais escolhas era sem consulta à minha Essência. Portanto, quando usufruía delas, me sentia culpada e insegura. Esses sentimentos se deviam tanto ao fato de eu não estar atenta à Essência quando fiz as escolhas, quanto ao fato de não me Perdoar nem me sentir merecedora no momento de recebê-las. Percebo que, se aceitarmos e entregarmos as escolhas feitas no passado, mesmo as que não tiverem sido consultadas pela Essência, por desconhecê-La, elas serão modificadas positivamente, vindo a ser o que realmente deveriam ter sido se tivéssemos consultado o nosso interior no momento da escolha.

O retorno ao Ser nos oferece uma mudança significativa e positiva em tudo o que vivenciamos, permitindo que usufruamos das conquistas e das realizações sentindo a paz que o sentimento de merecimento nos traz.

Dia 32
Perdão, ganância e competição

> *No entanto, se percebem qualquer um de seus irmãos como qualquer outra coisa que não seja seus iguais perfeitos, a ideia de competição entra em suas mentes. Não subestimes a tua necessidade de ser vigilante contra essa ideia, porque todos os teus conflitos vêm dela. Essa é a crença de que interesses conflitantes são possíveis e que, portanto, tu aceitaste o impossível como verdadeiro. Isso é diferente de dizer que percebes a ti mesmo como irreal? Estar no Reino é meramente enfocar toda a tua atenção nele. (Um Curso em Milagres)*

Desenvolver nossas atividades sentindo a ganância e a competição é desgastante e nos faz adoecer. Como, então, podemos realizar no dia a dia sem esses sentimentos presentes? Querer pouco? Não competir? Essas opções parecem ser a solução, mas traria as nossas escolhas?

Devemos aceitar, entregar e optar por perdoar situações nas quais vemos ganância e competição. Percebo que o sentimento negativo referente à ganância e a competição é nosso. O outro está realizando como acredita ser o melhor para ele. Ser ganancioso e competitivo é a escolha dele, e a nossa deve ser a de não julgar esse comportamento, mesmo que outro julgue.

Ao perdoar esse comportamento no outro, estamos desfazendo-o em nós. Se isso nos incomoda, certamente esse sentimento também está em nós, somente o reprimimos, já que o consideramos negativo, e não queremos ser igual ao outro nesse sentido.

Tanto ser ganancioso quanto ser competitivo são ilusões, pois nada do que obtemos verdadeiramente vem do lado de fora. Tudo advém da Fonte de energia criadora. Ao nos volver ao nosso interior, estaremos criando positivamente, sentindo internamente o Perdão. A diferença entre quem Perdoa e quem desconhece o Perdão é que o primeiro se realiza com a paz, e o segundo, com a ausência dela.

Referência e identidade

Aprendemos a buscar nossa referência externamente e nos perdemos nas inúmeras formas existentes. É difícil saber quem somos quando buscamos nossa identidade no lado externo a nós. Muitas vezes, acreditamos ter encontrado e idolatramos aquela forma, vendo uma perfeição que inexiste, criada pela nossa ilusão. Certamente, em algum tempo, essa perfeição deixará de existir aos nossos olhos e nos sentiremos profundamente decepcionados.

Nem sempre desistimos de buscar uma nova referência. Podemos, às vezes, reduzir o nível de exigência, mas, enquanto não nos volvermos ao nosso interior, as decepções farão parte do nosso andar aqui.

Quando optarmos por Perdoar as situações que vivenciamos, entregando-as ao nosso Ser, poderemos ir ao encontro da nossa verdadeira identidade. Seremos quem, de fato, realmente somos: Espíritos livres, seguros, curados e íntegros, produtos do Amor, e não do pecado e da culpa.

A verdadeira identidade está no nosso interior. Ao aceitá-la, passamos a ser únicos. Não dependemos mais das referências externas para sentir o nosso próprio valor. Ele não está nos outros ou nos bens materiais. Além disso, aprendemos que o outro e os bens têm valores únicos, e que devemos respeitá-los e amá-los como amamos e respeitamos a nós mesmos.

Dia 33
Brigas e confusões

A Voz por Deus é sempre quieta porque fala de paz. A paz é mais forte do que a guerra porque cura. A guerra é divisão, não soma. Ninguém ganha com a discórdia. Que aproveitará um homem ganhar o mundo inteiro se vier a perder a sua alma? Se escutas a voz errada, perdeste de vista a tua alma. Tu não podes perdê-la, mas podes não conhecê-la. Assim sendo, ela está "perdida" para ti até que escolhas certo. (Um Curso em Milagres)

É confortador compreender e aceitar que nunca houve brigas nem confusões em nossa existência, porque o que acreditamos ter vivenciado foi uma ilusão. E essa ilusão estava somente na nossa mente divida entre conceitos de certo e errado. O outro e o meio em que acreditamos ter vivenciado os conflitos refletiram o conflito existente em nossa mente. No instante em que aceitamos ser conduzidos e orientados pelo Divino Espírito, os conflitos que ali estavam deixam de existir. Não há mais conflitos, pois deixamos de nos preocupar com o certo e o errado. Aceitamos que tudo o que acontece, acontece por uma razão e, como não sabemos exatamente qual é a razão do acontecimento, não julgamos. A ausência de julgamento precede o Perdão. Com o perdão advindo do não julgamento, qualquer situação que poderia ser negativa transforma-se em positiva.

Há, no livro *Um Curso em Milagres*, um texto que nos orienta sobre a realização de um dia feliz. Devemos pensar nos dias que desejamos para nós, nos sentimentos que queremos ter, nas coisas que queremos que nos aconteçam e recitar:

"Hoje não tomarei nenhuma decisão por minha conta."

"Se eu não tomar nenhuma decisão por minha conta, esse dia me será dado."

A decisão deve ser tomada pela Essência Divina, é com Ela que devemos nos aconselhar para que o dia seja feliz.

Se algo acontecer que nos indique que o dia feliz não está se realizando, não devemos julgar, evitando, assim, a entrada dos sentimentos contrários ao dia feliz.

No entanto, se já nos sentimos desagradados, é porque estamos dando uma resposta diferente. Neste caso, devemos recitar:

"Pelo menos posso não gostar do que eu estou sentindo agora".

"Deve haver outro modo de olhar para isso", "o que posso perder por perguntar?"

Todos esses passos nos conduzem dos sonhos de julgamento aos sonhos que perdoam, nos conduzem para fora da dor e do medo.

Estamos sempre tomando decisões, mas nunca as tomamos sozinhos. A escolha que devemos fazer é com qual ajuda vamos contar, se ídolos ou se a Divindade. Se optarmos por não buscar ajuda Divina, é certo que estaremos tomando decisões com ídolos.

Nosso dia não é ao acaso, ele é determinado por aquilo que escolhemos viver e pelo modo como o nosso Amigo Divino vê a nossa felicidade. Não somos coagidos a fazer a escolha Divina para nos apoiar. Nós sempre pedimos ajuda ao tomar qualquer decisão, e somos livres para escolher com quem nos aconselhar.

Autoestima

Ao longo de minha existência, ouvi opiniões no sentido de que eu deveria melhorar a minha autoestima, de eu que tinha baixa autoestima e de que era esse o motivo de minha infelicidade. Mas como melhorar minha autoestima? Cuidar do corpo, talvez da mente? Sentir-me "podendo", com mais recursos financeiros? Viajar, ir a festas, dar festas?

Essas eram as formas que eu entendia que poderiam melhorar a minha própria estima. No entanto, elas dependiam da resposta vinda do meio social e me mantinham dependente do retorno obtido com a observação dos outros.

Quando despertei para a existência da Alma, eu estava em busca de relacionamentos com base na leveza e na simplicidade, em que eu podia ser eu mesma, sem representar papéis, os quais exigiam muito de mim, e não permitiam que me estimasse verdadeiramente.

Passei vários anos, depois do despertar para a Alma, em busca da pessoa com quem eu estava quando esse momento sublime ocorreu. Diferente do que eu pensava, esse momento ocorreu apenas comigo, o outro não sentiu o que eu senti. Foi difícil aceitar que o sentimento foi unilateral. Parecia impossível que algo tão intenso fosse vivenciado apenas por mim, já que o outro, por meio da aceitação, permitiu essa abertura.

A minha baixa autoestima esteve presente durante todos esses anos, enquanto eu aguardava ansiosamente pela correspondência do outro.

Aceitar que o Amor é algo que já está em nós, e que não depende de algo nem de alguém para existir, é de difícil aceitação em nossa visão de separação.

A elevação de nossa autoestima depende exclusivamente do Amor que há em nosso interior. É totalmente desnecessário que alguém corresponda a esse sentimento. Essa afirmação pode, em um primeiro momento, parecer egoísta. No entanto, após vivenciar tal sentimento de forma solitária durante anos, entendo e aceito que não se trata de egoísmo, e sim de manutenção do Amor em nós.

Esperar que alguém venha ao nosso encontro declarando o amor que sente por nós para que, só então, possamos Amar, é depender de

aprovação externa para senti-Lo. Tal aprovação, com certeza, não auxiliará na elevação da autoestima.

A autoestima, como o próprio nome diz, depende exclusivamente da expressão do Amor que está em nós.

E como expressar o Amor que está em nós? Primeiro, devemos nos comunicar com Ele, voltando-nos ao nosso interior, onde Ele reside, intocado pelos sentimentos contrários a Ele.

Vamos perceber que Ele está se expressando quando não mais quisermos conviver com brigas, agressões e confusões. Quando preferirmos nos afastar para buscar alento no silêncio, em leituras que ofereçam paz e em ensinamentos que mostrem o caminho do Perdão, poderemos, então, iniciar uma forma de expressão que melhor se adéque a nossa maneira de viver. No meu caso, foi, e está sendo, a escrita.

Com a constante expressão do Amor, nossa autoestima se eleva e, aos poucos, nos sentiremos o próprio Amor.

Sentir-nos sendo Amor

Ao expressarmos, durante longo período, o sentimento de Amor por tudo e por todos, começamos a receber esse sentimento vindo do lado de fora. Desacostumados a conviver por meio dele, ficamos atrapalhados e percebemos o ego querendo assumir o controle da chegada do positivo em nossa existência. Salta aos olhos a ansiedade em querer "agarrar" tudo de uma vez só e, junto dela, o medo de perder as conquistas que estão vindo a nós.

É hora de nos sentirmos sendo o Amor, perceber que somos Ele mesmo, nos unir a esse nobre e divino sentimento para, assim, afastar a negatividade que procura se aproximar.

Nos entregamos ao Amor e, agora, nos sentimos sendo Ele. Todos os sentimentos contrários que tentam tomar conta de nossos pensamentos, como "estou sendo ganancioso", "talvez não seja merecedor" etc., devem ser aceitos como ilusões que se desfazem diante da Verdade daquilo que realmente somos: Amor, única e exclusivamente Amor.

Para nos sentirmos sendo Amor, é necessário sentir, também, que nos Perdoamos. E como sabemos se nos perdoamos?

Saberemos se nos perdoamos ao aceitar de forma natural as ofertas que estão sendo enviadas a nós. Entenderemos que temos, sim, direito às nossas escolhas, e que podemos usufruir delas com alegria e gratidão.

Escolhi ensinar sobre o Perdão. Muitas vezes, fiquei em dúvida se deveria somente escrever ou se, além disso, deveria desenvolver outras atividades profissionais. Percebo que devo dar ênfase no meu dia a dia ao ato de Perdoar, e não há como trabalhar o Perdão se não houver atividades, relacionamentos e situações onde eu possa evidenciá-lo. Enquanto as situações foram difíceis, não tive dificuldade em Perdoar. Percebo uma resistência maior em receber o retorno que o Amor me oferece pelo ato de Perdoar. A sensação é de que algo ainda está errado e precisa de correção. Esse sentimento é do ego, que intenta manter-se no comando. Nada há de errado em receber dádivas, pelo contrário, somos merecedores de tudo o que o Universo tem a nos oferecer. Há abundância à disposição de todos, precisamos apenas Perdoar para que ela seja oferecida a todos indistintamente. Assim, o pensamento de escassez e de falta será desfeito, tanto em nossa mente quanto na daqueles com quem desenvolvemos atividades ou nos relacionamos de alguma forma.

Conclusão

A construção desse entendimento teve início há vários anos, motivada pela necessidade de separar ilusões da Verdade. Escolhi viver o Amor em plenitude, mas não conseguia senti-Lo, pois acreditava precisar de algo ou de alguém para vivenciá-Lo. A ideia de que o Amor já estava em mim e que faltava apenas aceitá-Lo foi difícil de interiorizar. A mudança no entendimento foi lenta e gradual. A mudança de foco do exterior para o interior é seguidamente perturbada pelo ego, que teme o Amor Verdadeiro. Isso ocorre porque deixamos de buscá-Lo fora de nós e começamos a Senti-lo em nós, podendo, então, sermos quem O oferece, e não mais quem O solicita.

Passamos a Criar por meio Dele e a oferecê-Lo indistintamente, pois temos a clara e segura consciência de Sua inesgotável Fonte. Passamos a nos dirigir para essa Fonte de Amor e a ser um canal por onde Ele flui com abundância.

Trata-se de um despertar calmo e seguro, sem alardes ou euforia. Compreendemos, então, que nada sabemos, que estamos em uma experiência para evoluir, para aprender sobre o Verdadeiro Amor e para realizar por meio Dele, sendo Ele.

As consequentes criações com base Nele têm então o Valor de uma joia rara, na qual o sentido do Sentimento que a criou estará sempre presente.

Os relacionamentos que antes eram vivenciados a partir das ilusões, agora tem como base a Essência de cada um. É certo que as ilusões continuam a existir, porém, elas não representam a Verdade que cada um é.

Assim, seguimos a nossa experiência de vida aqui, agora, e não mais pautados nas ilusões de apego ou de desamor, e sim na certeza da presença do Amor em cada relacionamento. Independente da razão de o relacionamento estar existindo.

Com Amor,
Anna Izabel Fagundes

Capa e projeto gráfico: Marco Cena
Revisão: Viviane Borba Barbosa
Editoração eletrônica: Bruna Dali e Maitê Cena
Assessoramento de edição: André Luis Alt

Dados Internacionais de Catalogação na Publicação (CIP)

F156r	Fagundes, Anna Izabel
	Relações de amor sinceras: 33 dias de reflexões. / Anna Izabel Fagundes. – Porto Alegre: BesouroBox, 2013.
	176 p.; 16 x 23 cm
	ISBN: 978-85-99275-76-4
	1. Relações humanas. 2. Amor. 3. Psicologia. I. Título.
	CDU 177.6:159.9

Bibliotecária responsável Kátia Rosi Possobon CRB10/1782

Copyright © Anna Izabel Fagundes, 2013.

Todos os direitos desta edição reservados à
Edições BesouroBox Ltda.
Rua Brito Peixoto, 224 - CEP: 91030-400
Passo D'Areia - Porto Alegre - RS
Fone: (51) 3337.5620
www.besourobox.com.br

Impresso no Brasil
Outubro de 2013